탄생 100주년으로 돌아보는
박정희 100장면

탄생 100주년으로 돌아보는

박정희 100장면

자유대한민국 존망의 기로에서 다시 생각나는 사람, 朴正熙

《월간조선》은 지난 2017년 1월 신년호 특별부록으로《탄생 100주년으로 돌아보는 박정희 100장면》을 내놓았습니다. 박정희 대통령 탄생 100주년이라는 콘셉트에 맞춰 조갑제 전《월간조선》편집장(현 조갑제닷컴 대표)의 저서《박정희》(전 13권)에서 100개 장면을 뽑아 편집한 것입니다. 이에 대한 호평에 힘입어 같은 해 2월 이 책을 단행본으로 다시 출간했습니다.

그로부터 3년이 지났습니다. 문재인 정권의 편 가르기 홍위병 정치, 경제실정(失政), 부정부패, 내로남불식 독선과 아집, 퍼주기식 포퓰리즘, 한일관계 파탄, 한미동맹 와해, 친북친중(親北親中) 노선, 탈원전(脫原電)으로 대한민국은 전에 없는 위기에 처해 있습니다. 대한민국 70년의 성취가 무너져 내리고 있습니다.

최근 이 책을 찾는 분들이 다시 많아졌습니다. 아마 나라가 어려워지니 국민들 마음속에 박정희 대통령이 다시 생각나는 모양입니다. 다시 한 번 책을 살펴보았습니다. 박정희 대통령의 63년 인생에서 뽑은 100개 장면을 되돌아보면서 자연히 문재인 대통령과 비교해 보지 않을 수 없었습니다.

무엇보다도 박정희 대통령은 국민들에게 아부 · 아첨하지 않았습니다. 국민들에게 할 말은 했습니다. 밝은 미래에 대한 전망을 제시했지만, 그런 미래를 위해서는, 우리의 후손들을 위해서는 허리띠를 졸라매고 땀을 흘려야 한다고 강조했습니다. 1964년 박정희 대통령이 파독(派獨)광부 · 간호사들 앞에서 "비록 우리 생전에는 이룩하지 못하더라도 후손을 위해 남들과 같은 번영의 터전만이라도 닦아놓읍시다"라고 연설하는 장면은 언제 읽어도 눈시울이 뜨거워집니다.

둘째, 박정희 대통령은 입으로 일하지 않았습니다. 군단 포병단장 시절 박정희 대령은 "귀와 입으로 일하면 아무것도 되는 일이 없다. 다리와 눈으로 일하라. 명령은 5%이고 확인과 감독이 95%이다"라고 말하곤 했습니다. 대통령이 되어서도 박정희 대통령은 이러한 원칙을 늘 실천에 옮겼습니다.

셋째, 정책이 잘못되었을 때에 실패를 인정하고 방향을 전환할 줄 알았습니다. 5 · 16군사정부는 초기에 내포적 근대화론에 입각해 자립경제노선을 추구했지만 별로 성과를 내지 못했습니다. 그러던 차에 경공업 제품을 중심으로 수출이 늘기 시작했습니다. 이를 눈여겨본 박정희 정부는 수출주도형 공업화로 정책을 전환했습니다. 박정희 시대의 경제신화가 여기에서부터 시작됐다는 것은 주지의 사실입니다.

넷째, 소성(小成)에 만족하지 않았습니다. 하나의 성취를 이룬 후에는 늘 더 큰 목표를 세우고 그것을 이루기 위해 노력했습니다. 1억 달러 수출 목표를 달성한 후에는 10억 달러 수출 목표, 100억 달러 수출 목표라고 하는 새로운 목표를 제시했습니다. 먹고사는 문제를 겨우 해결했을 즈음에 중화학공업 건설에 나섰고, 원자력 발전을 추진했습니다.

다섯째, 동맹의 중요성을 잘 알았습니다. 박정희 대통령은 개인적으로는 민족주의 성향이 강했습니다. 반미(反美)·반일(反日) 감정도 상당했고요. 하지만 이런 감정 때문에 국가정책을 그르치지는 않았습니다. 특히 1965년 한일국교정상화에 즈음해서 내놓은 대국민담화는 감동 그 자체입니다.

여섯째, 국가안보를 튼튼히 했고, 한시도 북한 공산주의자들에 대한 경계를 늦추지 않았습니다. 7·4남북공동선언을 하면서도 "만의 일이라도 '대화'가 '평화'나 '통일'을 가져오는 것으로 착각하여 동요하거나 안이한 생각에 사로잡혀서는 결코 안 된다"고 경고했습니다.

박정희 대통령의 이런 혜안과 노력이 오늘의 대한민국을 만들었습니다. 박정희 대통령의 진심을 알아보고 그와 함께 피와 땀과 눈물을 흘린 '위대한 세대(1920년대, 1930년대생)'가 오늘의 대한민국을 만들었습니다.

그 대한민국이 지금 흔들리고 있습니다. 어쩌면 지금 대한민국을 이끌고 있는 세대는 한국 현대사에서 처음으로 자신이 물려받은 것보다 못한 나라를 자식 세대에게 물려주는 세대가 될지도 모릅니다. 앞에서도 말한 것처럼 요즘 다시 이 책을 찾는 분들이 많아진 것은 이 위기 속에서 대한민국을 다시 일으킬 리더십에 대한 갈망 때문이라고 생각합니다.

이 책은 조갑제 전《월간조선》편집장께서 당신의 라이프 워크(life work)인 《박정희》를 자유로이 사용해도 좋다고 허락해주셨기에 세상에 나올 수 있었습니다. 박정희 대통령과《월간조선》에 대해 한결같은 애정을 보여주시는 조갑제 전 편집장님께 깊이 감사드립니다.

월간조선
배진영

목차

004

서문 –
자유대한민국 존망의 기로에서
다시 생각나는 사람, 朴正熙
배진영

012

제1부

상모리 소년, 군인이 되다

001. 사투(死鬪)와 출생
002. 상모동 시절
003. 대구 사범 꼴찌 학생
004. 교사 박정희
005. 만주로 가다
006. 만주군관학교
007. 일본 육사 졸업과 소위 임관
008. 광복군과 평진대대

036

제2부
군인의 길

009. 초라한 귀국, 육사 입교
010. 형 박상희의 죽음과 남로당 가입
011. 여순반란, 백선엽과 김창룡
012. 이현란, 용산시절
013. 전투정보과 문관 박정희,
　　　6·25 전야
014. 6·25 이후 군(軍)으로 복직
015. 육영수와 박정희
016. 군인 박정희와 생선회 사건
017. 국군장병에게 고함
018. 육본의 심야 참모회의
019. 박정희와 이용문
020. 박근혜의 탄생
021. 박정희식 일처리
022. 미국 유학
023. 25년 동반자 박환영·이타관
024. 1956년 5·15선거 —
　　　"선거에 관한 한 나는
　　　사단장이 아니다"
025. 공사(公私) 구분 철저
026. 노량진 집과 충현동 집

080

제3부
혁명

027. 부산 군수기지사령관
028. 부산지구 계엄사무소장
029. 도의와 기백
030. 송요찬 총장께
031. 정군운동과 5·16의 태동
032. 시인 구상이 본 박정희
033. 한강다리
034. 혁명방송
035. 양말을 빠는 최고 권력자
036. 박정희와 이병철
037. 혁명 후 첫 기자회견
038. 주한 미국대사의 보고서
039. 박정희와 케네디
040. 민정 이양이냐, 군정 연장이냐
041. 박정희 대장의 전역사
042. 고운 손은 우리의 적이다

120

제4부

근대화

043. 1963년 대통령 선거

044. 노인의 예언

045. 내가 왜 공산주의자요?

046. 금의환향

047. 박정희와 장준하

048. 신문은 국민을 너무 자극한다

049. 함보른 광산의 눈물

050. 박정희의 지식인관

051. 한일회담 타결에 즈음한
   특별담화문

052. 박정희와 KIST

053. 박정희와 이승만 —
   거인(巨人)에게 보내는
   초인(超人)의 조사(弔辭)

054. 박정희가 보는 대학

055. 월남 파병

056. 박정희와 마르코스의
   라이벌 의식

057. 김은국이 본 박정희

058. 대한민국의 3대 공적(公敵)

059. 1 · 21사태

060. 육영수 여사의 눈물

061. 푸에블로호 납치 사건

062. 싸우면서 일한다 — 예비군 창설

063. 경부고속도로 건설 —
   박정희와 정주영

064. 불발된 여야 영수회담

065. 울진 · 삼척 무장공비 사건

066. 3선 개헌

067. 박정희와 소양강댐

068. 박정희와 포항제철

069. 한국 전자공업의 가정교사
   김완희 박사

070. 닉슨 독트린과 미(美) 7사단 철수

071. 새마을운동

072. 7대 대통령 선거 —
   "표를 달라는 연설은 이게 마지막"

073. 4인 체제의 종말

074. 이후락의 방북과 7 · 4공동선언

200

제5부

초인의 황혼

075. 10월 유신

076. 중화학공업화 정책 선언

077. 윤필용 사건

078. 김대중 납치 사건

079. 마탄(魔彈)의 사수(射手) —
　　　문세광의 저격 미수 사건

080. 문세광의 입을 연 검사 김기춘

081. 시인 박정희

082. 북한 땅굴

083. 월남 패망

084. 대통령긴급조치 9호

085. "절간 같은 데 오래 살 생각 없다"
　　　박정희 – 김영삼 회담

086. 포항 '석유 발굴' 사건

087. 미친개에겐 몽둥이가 약이다

088. 행정수도 계획

089. 수출 100억 달러

090. 가로림만 프로젝트

091. "미국이 핵 가져가면
　　　우리가 개발할 것"

092. 박정희와 카터

093. 전두환의 등장 —
　　　그와 박정희 대통령

094. 부마사태

095. 리콴유가 말한 박정희

096. 효자손, 카빈소총, 벽돌

097. 10 · 26 밤의 궁정동

098. 심수봉과 신재순

099. 오만했던 차지철의 최후

100. 해진 혁대

268 교사 · 군인 · 혁명가 · 경영자의
네 얼굴을 연기한 '눈물 많은 超人'
조갑제

286 박정희 국가지도력 뿌리
만주대륙 웅혼(雄渾) 사관학교 엄혼(嚴魂)
고산고정일

제1부

상모리 소년, 군인이 되다

001

/

사투(死鬪)와
출생

박정희는 1917년 11월 14일(음력 9월 30일) 경북 선산군 구미면 상모리에서 박성빈·백남의 부부의 7남매 중 막내로 태어났다. 상모리는 금오산 기슭에 자리 잡은, 당시 전형적인 우리나라의 가난한 농촌 마을이다.

박정희의 일생은 출생부터가 사투(死鬪)였다. 임신 사실을 안 박정희 어머니가 그를 끈질기게 지우려고 했기 때문이다. 어머니 백남의가 박정희를 임신했을 때가 마흔다섯이다. 이때 박정희의 큰누나인 박귀희(1974년 작고)도 임신을 했다. 박정희의 출생 과정은 바로위 누나인 박재희(1996년 83세로 작고)가 자세한 증언을 남겼다.

"어머니는 늦은 나이에 딸과 함께 아이를 가진 것을 매우 부끄럽게 생각했습니다. 이미 식구 많고 집안은 찢어지게 가난해 또다시 아이를 낳을 형편도 되지 않았어요. 어머니는 뱃속의 아기를 지우기로 작정하고 당시 민간에 내려오던 방식을 동원했습니다. 간장을 들이켜거나, 밀기울, 수양버들 뿌리 등을 끓여 마시고 여러 차례 까무러쳤지만 뱃속의 아기는 떨어지지 않았습니다. 섬돌에서 뛰어 내리거나 장작더미에서 굴러도 보았지만 소용없었어요. 나중에는 디딜방아에 배를 대고 깔려 아기를 지우려고 했습니다."

이 일로 박정희 어머니는 심각한 허리 부상까지 입었지만, 뱃속의 아기는 여전히 움직이고 있었다. 결국 박정희 어머니는 '할 수 없다. 아기가 태어나면 솜이불에 싸서 아궁이에 던져 버리겠다'고 작심하고 아기 지우는 일을 포기했다는 것이다.

이처럼 어머니와 사투 끝에 박정희는 세상에 나왔지만, 이미 6명의 아이를 낳은 그의 어머니는 젖이 말라 나오지 않았다. 다행히 박정희가 태어나기 한 달 전 그의 큰누나가 딸을 출산했다. 박정희는 큰누나의 젖을 먹고 자라야 했다. 이조차 여의치 않을 때는 밥물에 곶감을 넣어 끓인 죽을 먹어야 했다. 두 살 때는 문지방 아래로 굴러 떨어지면서 불이 담긴 화로에 처박혔다. 온몸에 시뻘건 숯을 뒤집어쓴 박정희를 그의 누나와 숙모가 급히 구해 냈지만, 양쪽 팔뚝에 심한 화상을 입었다.

박정희의 아버지
박성빈,
어머니 백남의.

002

/

상모동
시절

박정희는 대통령이 된 이후 상모동에서 자랐던 자신의 소년 시절 이야기를 《나의 소년 시절》이란 수기(手記)에 비교적 자세하게 남겼다. 박정희 아버지 박성빈은 몰락한 양반 가문 출신으로 가정일에 무관심했다. 7남매를 기르는 동안 집안일 대부분을 책임져야 했던 어머니의 고생이 이만저만이 아니었다. 아버지는 한량 기질이 있었지만, 어린 시절 박정희는 어머니의 헌신과 형제들의 사랑을 듬뿍 받고 자랐다.

어려운 가정 형편에도 박정희 어머니는 박정희 셋째 형 박상희와 박정희를 구미보통학교에 입학시켰다. 상모동에서 구미읍에 있는 학교까지는 8km(20리) 거리였다. 박정희는 매일 새벽에 일어나 학교에 늦지 않기 위해 뛰어다녀야 했다. 당시 시계를 가진 사람이 없었으니 매일 마주치는 우편배달부를 보고 이른지 늦은지 시간을 짐작했다. 박정희는 수기에서 이 무렵의 헌신적인 어머니 모습을 다음과 같이 회상했다.

"학교에 다니는 나보다 더 고생을 하시는 분이 어머니다. 시계도 없이 새벽 창살을 보고 일어나서 새벽밥을 지어 도시락을 싸고 난 다음에 나를 깨우신다. 겨울에 추울 때는 세숫대야에 더운물을 방 안에까지 들고 와서 아직 잠이 덜 깬 나를 세수시켜 주시고 밥을 먹여 주신다."

어린 박정희의 건강이 좋지 않았다. 저학년 시절에는 매년 20일 가량 결석했다. 이 당시 야맹증을 앓을 정도로 영양 상태가 좋지 않았다. 4학년 이후부터 발육상태가 어느 정도 균형을 잡았고, 결석도 많이 하지 않았다. 어려운 가정 형편에 학비 마련도 보통 일이 아니었다. 한 달에 월사금이 당시 돈으로 60전이었는데, 가난한 농촌에서 매월 이것을 납부하는 것이 큰 부담이었다. 박정희 어머니는 한 푼이 생기면 한 푼을 모으고, 두 푼이 생기면 두 푼을 모아 월사금에 보탰다. 돈이 없을 때는 어머니가 계란을 몇 개 싸 주곤 했다. 박정희는 이것을 학교 앞 문방구점에서 돈으로 바꾸어 연필이나 공책 등을 샀다. 박정희는 6년을 이렇게 지냈다. 학교 성적은 전 과목이 고루 우수했고, 암기력이 좋아 산수·역사·지리 등은 언제나 만점이었다.

박정희가 태어난 생가 옆으로 풀짐을 나르는 큰형 박동희.
사진 오른쪽에 살짝 보이는, 방문이 있는 방이 박정희가 쓰던 공부방이다.

박정희의 구미보통학교 졸업사진. 가운데 앉은 사람이 김득명 담임선생.
세 번째 줄 오른쪽 끝이 박정희.

003
/
대구 사범
꼴찌 학생

박정희는 1932년 4월부터 1937년 3월까지 5년간 대구사범학교를 다녔다. 1920년에 개교한 구미보통학교에서 대구사범학교에 간 것은 박정희가 처음이었다. 박정희의 대구사범학교 입학 성적은 100명 중 51등. 하지만 사범학교 시절 박정희의 성적은 꼴찌권을 맴돌았다. 1991년 이낙선 전 상공부 장관의 비망록 자료에서 발견된 박정희의 사범학교 시절 성적표를 보면 1학년 때 석차는 97명 중 60등, 2학년 때는 83명 중 47등, 3학년 때는 74명 중 67등, 4학년 때는 73명 중 73등, 5학년 때는 70명 중 69등을 했다.

장기 결석도 많았다. 2학년 때 10일, 3학년 때 41일, 4학년 때 48일, 5학년 때 41일이다. 이런 장기 결석의 직접적인 원인은 가난 때문이었다. 박정희는 성적이 좋지 않아 한 달에 7원씩 나오는 관비(官費)를 받을 수 없었다. 자존심 강한 박정희는 눈칫밥을 먹기 싫

대구사범 시절 어머니와 나란히 선 박정희.
가난한 집안 형편 때문에 박정희는
대구사범 시절에는 꼴찌를 하기도 했다.

어 기숙사비를 낼 돈이 마련될 때까지 고향에 머무르곤 했다. 이 무렵 일본은 만주사변(1931년)을 일으킨 후 대륙침략을 위해 혈안이 돼 있었다.

일본의 침략 야욕은 사범학교 교육에도 영향을 미쳐 사범학교 학생들은 구보, 사격, 검도, 총검술, 구령, 제식훈련 등의 기초 군사 훈련을 받아야 했다. 박정희는 나팔, 육상에 두각을 나타냈다. 특히 교련 시간에는 소대장을 맡을 정도로 군사분야에 소질을 보였다. 대구사범 동기생들은 이 시기 박정희에 대해 "말수가 적고, 사색하는 듯한 태도에, 내성적인 편이었고, 다부지며 정의감이 강한 학생"으로 묘사하고 있다.

당시 대구사범학교는 천황에 대한 절대 숭배와 신격화로 끝나는 교육 분위기였다. 이는 수많은 조선 학생의 민족적 의분심을 불러일으켰고, 학생들의 '무저항적 반항'으로 이어졌다. 1기생 조선인 학생 86명 중 31명이 항일 운동에 관계하다 중도 탈락했을 정도로 학생들의 반일 의식도 강했다. 이런 분위기에서 박정희도 황민화가 목적인 학교 교육에는 별 관심을 두지 않았지만, 일본 군사문화의 실질을 배우는 데는 열성적이었다.

004

/

교사
박정희

1937년 3월 대구사범학교를 졸업한 박정희는 문경공립보통학교 교사로 부임했다. 교사 박정희는 엄격하면서도 다정다감했다. 학생들은 이런 박정희를 좋아했다. 박정희는 빈부차별을 하지 않는 선생님이었다. 학교에서 12km나 떨어진 산골마을까지 자전거를 타고 가정방문을 하곤 했다. 이런 박정희 선생님에 대해 한 제자는 "울고 싶도록 감사했다"고 회상했다.

제자들은 박정희가 민족의식을 일깨워 주는 교육을 자주 하였다고 증언했다. 조선어 시간에 태극기에 대해 가르쳐 주거나, 복도에 보초 학생을 세워 놓고 몰래 우리나라 역사를 가르쳐 주었다는 것이다. 일본의 존재를 부정하지 않았지만, 민족의식을 잃지 않은 것이 박정희였다. 이는 이후 그의 행적에서도 한결같이 나타난다.

제자들의 기억에 교사 박정희는, 복장은 단정하며 출근은 빨랐

문경보통학교(문경서부공립심상소학교) 교사 시절의 박정희.
1938년 어느 봄날 제자들과 잣발산 아래로 놀러가서 찍은 사진이다.

고, 말은 간단 명료하였으며, 청소를 중요시하여 항상 정리정돈하게 하였고, 책상 줄이 비뚤어지거나 환경이 지저분한 것을 매우 싫어했다. 이 무렵 박정희는 하숙을 했다. 이미 결혼을 해서 딸을 한 명 둔 몸이었지만, 이 사실을 누구에게도 알리지 않고 있었다. 제자 정순옥은 "내 눈에 비친 박 선생님은 절대로 교사로 평생을 보낼 분이 아니었다. 못 다루는 악기가 없었고, 못하는 운동도 없었으며, 하여튼 매력 있는 남자였다"고 회상했다.

박정희의 하숙집 방에는 나폴레옹의 사진이 걸려 있었다. 박정희는 아이들에게 이순신을 비롯한 위인들의 이야기를 들려주며 너희도 이와 같은 훌륭한 사람이 돼야 한다고 강조했다. 주말에는 아이들을 불러모아 편을 갈라 전쟁놀이도 자주 시켰다. 그는 새벽 4~5시면 어김없이 일어나서 마을을 내려다보며 나팔을 불었다. 마을 사람들은 그의 나팔 소리에 맞춰 하루를 시작했다. 훗날 '새벽종이 울렸네'로 시작하는 새마을 노래를 연상케 하는 대목이다. 1938년 무렵 박정희는 만주군관학교 입학시험을 치를 준비를 하고 있었다. 박정희는 아이들에게 "나중에 봐라, 나는 대장이 될란다"라고 말하곤 했다.

005

/

만주로
가다

박정희와 함께 문경에서 교사 생활을 했던 유증선은 훗날 박정희가 만주군관학교에 가게 된 과정을 다음과 같이 증언했다.

"'저는 아무래도 군인이 되어야겠습니다. 제 성격이 군인 기질인데 문제는 일본 육사에 가기에는 나이가 많다는 것입니다. 만주군관학교는 덜 엄격하지만, 역시 나이가 걸립니다.' 이후 박정희는 고향에 내려가 형님의 도움을 받아 호적 나이를 한 살 낮추고 왔습니다. 그래도 안심이 되지 않아 둘이 머리를 맞대고 고민하던 차 내가 '만주군관학교에서 환영을 받을 행동을 하자'며 '혈서(血書)'를 제안했습니다. 박정희는 지체없이 '진충보국 멸사봉공'이라는 혈서를 써서 만주로 보냈고, 그것이 만주 지역 신문에 보도되었습니다."

혈서가 만주 신문에 나게 도와준 것은 대구사범 교련 주임이던 아리카와 대좌로 보인다. 당시 박정희는 만주에 가서 아리카와 대좌를 만났고, 만주군관학교 입학자격을 얻게 된다. 박정희가 군인이 된 것은 즉흥적인 결정이 아니라, 오랜 집념의 결과라는 것이 통설이다. 여러 증언에 의하면 그는 대구사범학교 재학 시절부터 군인을 꿈꿨고, 그것을 실천한 것이다. 혈서에 대한 증언을 한 유증선은 훗날 박정희가 만주군관학교를 거쳐 일본육사를 졸업한 뒤 문경에 들러 대환영을 받았다는 이야기를 듣고 '역시 가야 할 길을 갔구나' 하고 생각했다. 박정희가 대통령이 된 후 김종신 청와대 공보비서관이 "각하는 왜 만주에 가셨습니까?" 하고 묻자 박정희는 "긴 칼 차고 싶어서 갔지" 하고 대답했다.

1939년 10월 박정희는 만주국 육군군관학교 시험을 치렀고, 이듬해 4월 제2기생으로 입교했다. 240명 합격자 가운데 15등이었다. 박정희가 만주로 간다는 소식을 듣고 제자들이 하숙집을 찾았다. 박정희는 울며 매달리는 아이들에게 "조선 사람은 조선 사람으로서 할 일이 있다"고 하며 선물을 하나씩 나누어 주었다. 박정희는 1940년 3월 구미 기차역에서 어머니와 헤어졌다. 칠순의 어머니가 박정희의 옷자락을 붙들고 "늙은 어미를 두고 왜 그 먼 곳에 가려 하느냐"고 했다. 어머니의 눈물을 뒤로하고 박정희는 기차에 올랐다.

006

/

만주군관학교

박정희가 들어간 만주군관학교는 4년제 일본 육사와 달리 예과 과정인 2년제였다. 만주군관학교 제2기생은 만주계 240명, 일본계 240명으로 모두 480명이었다. 조선인은 11명이었는데 이들은 모두 만계(滿系)에 소속되었다. 박정희의 조선인 동기생 중에 5·16 군사혁명을 저지하려 한 이한림 장군이 있다. 만주군관학교는 인적 구성에서 보듯이 기본적으로 민족차별에 바탕을 두고 있었다. 식사도 일본인 생도들은 쌀밥을, 중국(만주)과 조선인 생도들에게는 수수나 강냉이밥을 주었다. 여기에 한국인 생도들은 수적으로도 월등하게 적어 소수파로서 민족적 차별을 받아야 했다.

군관학교 시절 박정희는 문경의 교사 시절처럼 민족주의적 경향을 나타냈다. 1기생 선배인 이기건에게 "일제는 곧 망합니다. 우리는 독립을 하고야 말 것입니다"라고 되풀이해서 말하곤 했다. 심지

일본 육사 3학년 생도 시절의 박정희.
뒤의 두 사람은 고향인 경북 선산 후배 김익교(왼쪽)·김숙교(오른쪽)다.

어 조선인 학생들끼리 술을 먹는 자리에서는 벌떡 일어나 "선배님들, 이 노래를 모르시지요" 하며 독립군 노래를 부르기도 했다. 박정희 동기인 이한림 장군은 회고록에서 "가끔 둘이 만나면 조국의 비통한 현실을 개탄하면서 같이 울기도 하고, 결심을 밝히기도 했다. 특히 나에게 감명을 준 것은 누구에게도 지기 싫어하는 그 불굴의 정신이었다"고 말했다.

박정희는 개인의 울분과 한을 강한 육체단련과 정신무장을 통해 극복해 나갔다. 군관학교 2년간 검도, 유도, 승마, 교련은 물론 모든 학과목에서 특출한 실력을 발휘했다. 증언에 따르면 박정희는 만주군관학교 시절, '2·26 사건'에 많은 관심을 가졌다. 2·26 사건은 1936년 2월 26일 일본의 청년 장교들이 존황토간(尊皇討奸)을 내세우며 일으켰던 쿠데타다. 비록 실패했지만, 군인으로서 혁명이라는 정치적 결단을 내린 그의 인생관에 영향을 미친 것은 분명해 보인다. 1942년 3월 23일 만주군관학교 졸업 때 박정희는 우등상장을 받은 5명에 명단을 올렸다. 사범학교 꼴찌 출신이 만주군관학교 수석 졸업생으로서 만주국 황제의 금시계를 상으로 받았을 뿐 아니라, 일본 육사(제57기)에 진학할 수 있는 특전을 갖게 된 것이다.

007
/
일본 육사 졸업과
소위 임관

1942년 10월 박정희는 일본 육사 본과 3학년에 유학생대로 편입하여 교육을 받았다. 이 무렵 중국을 넘어 아시아를 제패하려는 일본의 군국주의는 최고조로 치닫고 있었다. 1943년 일본 육사는 전쟁터에서 사망한 초급장교를 보충하기 위해 신입생을 2000명으로 늘렸다. 이 당시 배출된 초급장교 중 3분의 1이 가미카제(神風) 특공대가 되어 전사했다. 박정희 동기생 이섭준은 다음과 같이 증언했다.

> 박정희가 2·26 사건을 거론하며 "이런 시대에 우리가 배울 것은 군사학뿐이다. 우리는 독립해야 한다"고 말했다. 내가 "독립이 무엇인가" 묻자, 박은 "남의 간섭을 받지 않고 우리 스스로 사는 것"이라고 대답했다.

박정희의 '자립' 정신은 훗날 그가 대통령이 된 이후 강조한 자주·

자조·자립 정신과 상통한다.

1944년 4월 일본 육사를 졸업한 박정희는 소위로 임관했고, 견습 후 1944년 7월 소속부대를 배치받아 소대장을 맡았다. 박정희가 배치받은 만주군 8단(團·연대)은 주로 중국인으로 구성되었으며, 단장도 당제영(唐際榮)이라는 중국인이었다. 8단의 주요 임무는 모택동 산하의 팔로군(八路軍) 제17단을 방어, 토벌하는 것이었다. 활동 지역은 화북지방의 열하성(熱河省). 일각에서는 이 무렵 박정희가 독립군을 토벌했다고 주장한다. 하지만 많은 박정희 연구가들은 이 같은 주장은 불가능한 것으로 파악하고 있다. 그렇다고 박정희가 적극적으로 독립운동을 했다는 주장도 신빙성이 없다는 것이다. 다만 박정희가 일부 독립을 지향하는 사람들과 인간적인 접촉을 했다는 것은 여러 증언이 뒷받침하고 있다.

만주군 8단에서 박정희와 같이 근무했던 중국인 친구 고인경은 다음과 같은 증언을 남겼다.

박정희 소위는 겉으로 보기에는 무뚝뚝한 것 같으나 내심은 퍽 다정다감한 사람이다. 우리가 평천진(平泉鎭)이란 곳에 있을 때 어느 날 조선인과 중국인이 모인 자리에서 박정희가 다음과 같이 말했다. "여러분, 일본과 공비(팔로군)들은 모두 우리의 적입니다. 이들을 배격하지 않고서는 우리 민족의 자유를 기대하기 어렵습니다. 우리는 정신을 차리고 있어야 합니다."

008

/

광복군과
평진대대

박정희는 1945년 7월 1일 중위로 진급했다. 8월 9일 소련이 2차 대전에 참전하면서 만주지역 정세가 복잡하게 돌아갔다. 만주군 8단에 배속된 4명의 조선인 장교 중에 소련의 참전 사실을 가장 먼저 안 것은 박정희였다. 박정희가 배속된 8단은 전 병력이 만리장성 북쪽에 집결한 후 내몽골의 뚜어룬으로 북진하라는 작전임무를 받았다. 이들은 부대가 이동 중인 8월 17일에야 중국 방송을 통해 일본군이 항복한 사실을 알았다. 일본이 항복한 사실이 알려지자 8단의 중국인 당제영 단장은 박정희와 신현준, 이주일 등 조선인 장교 네 명을 일본인 장교들과 함께 무장해제시켰다. 자신의 부대에서 일단 조선인과 중국인을 분류시킨 후 장개석이나 모택동 부대 중 어느 곳에 합류할지 지켜보기로 한 것이다.

박정희 일행은 8단에 머물고 있었다. 일본의 갑작스러운 항복으로 만주, 북중국, 조선반도는 정치적 격변을 맞고 있었다. 박정희 일행은 귀국을 하는 것이 급선무였지만, 어느 편에 서야 할지 혼란스럽기만 했다. 이들은 육로를 피하기로 하고 9월 21일경 북경에 도착했다. 만주나 중국 각지 전선(戰線)에서 광복을 맞은 만주군·일본군 출신의 조선인 장병들이 북경으로 몰려들었다. 상해 임시정부는 이들을 광복군 산하에 편입시키려고 했다. 북경에 머물던 박정희·신현준 등도 일단 광복군에 들어가기로 했다.

만주군·일본군 출신 장병들로 편성된 약 200명의 북경 광복군은 '광복군 제3지대 주(駐)평진대대'로 불렸다. 이 부대를 관리한 사람은 장개석 군대의 소장 출신 최용덕이었다. 증언에 따르면 평진대대 내에서 친일(親日) 시비가 일어나지는 않았지만, 이미 좌·우익 대립은 벌어지고 있었다. 박정희는 이곳에서 처음으로 공산당을 접하게 된다. 박정희는 평진대대에 있으면서 우리 민족끼리는 좌·우익으로 갈려 싸우고, 중국과의 관계를 놓고는 친장개석파와 친모택동파로 나뉘어 주도권 다툼을 벌이는 모습에 절망했다. 훗날 그는 북경 시절을 회상하면서 이국 땅에서도 단결하지 못하고 분열하는 우리의 민족성을 개탄하곤 했다.

제2부

군인의 길

009

/
초라한 귀국,
육사 입교

부산을 통해 귀국한 박정희는 마땅히 갈 곳이 없었다. 고향 구미에서 4개월을 허송하며 보낸 후 그는 '천직'인 군인의 길을 걷기로 결심한다. 박정희는 누나 박재희한테 "구미에서 무슨 취직을 하겠어요? 아무래도 서울에 올라가서 알아봐야 겠어요"라는 말을 남긴 후 형님의 카메라를 노잣돈 대신 챙겨 서울로 떠났다.

　서울에 온 박정희는 1946년 9월 24일 조선경비사관학교 제2기생으로 입학했다. 만주군관학교·일본육사에 이은 세 번째의 사관학교였다. 입시경쟁률은 2대1이었다. 당시 입학생은 263명으로 중국·만주·일본군에서 장교로 근무한 자가 35명에 이르렀다. 그때 박정희 나이는 29세였다. 나이나 경력 면에서 최고참에 속했지만, 박정희는 자기보다 나이가 8~9세나 어린 중대장 밑에서 교육훈련을 불평 없이 잘 받았다. 그는 대열의 맨 끝에서 뛰어다니면서도 늘

꼿꼿한 몸가짐을 유지했다.

　조선경비사관학교 생활은 열악했지만, 독립국가의 기반인 국군 (國軍)을 만든다는 사관생도들의 열의는 불타 올랐다. 조선경비사 관학교에 입학한 박정희는 사범학교에서 5년, 만주군관과 일본 육 사에서 4년, 조선경비사관학교에서 3개월 등 정통 엘리트 장교교 육만 10년을 받은 셈이다. 만주군과 일본군의 군복을 입었던 수많 은 장교들은 신생 독립국을 향한 준비와 창군 과정에서 훌륭한 자 원이었다.

　1946년 1월 미군정(美軍政)은 남조선국방경비대를 창설하고 태 릉에서 1개 대대 병력의 1개 연대를 발족시켰다. 이어 5연대(부산) 7연대(충북) 4연대(전남) 6연대(대구) 3연대(전북) 2연대(대전) 8연대 (춘천)가 각각 창설되었다. 5월 1일에는 국방경비사관학교가 문을 열었다. 당시 미군정청은 사상의 자유를 이유로 입대자의 전력을 문제 삼지 않았다. 그러다 보니 국방경비대는 좌·우익이 뒤섞인 상태가 되었다. 이런 모순은 훗날 결국 터져 나와 숙군(肅軍)의 계 기가 된다. 사관학교를 졸업한 박정희는 춘천 8연대의 소대장으로 부임했다.

010

/

형 박상희의 죽음과
남로당 가입

1946년 10월 1일 좌익 세력의 주도로 대구에서 폭동이 일어났다. 폭도들은 '쌀 배급 반대와 박헌영 체포령을 취소하라'는 구호를 내걸었다. 박정희의 셋째 형 박상희는 당시 '건국준비위원회 구미지부장'을 맡고 있다가 구미 폭동 진압 과정에서 경찰에 살해되었다. 박상희는 박정희가 교사를 그만두고 만주군관학교에 가는 것을 못마땅해했다. 해방 후에는 이념적인 노선 차이로 박정희와 갈등을 겪기도 했다. 하지만 박상희는 집안의 기둥이었고, 이런 형을 박정희는 크게 존경하고 있었다.

해방 전 박상희는 조선·동아일보의 구미지국장 겸 주재기자로 활동하고 있었다. 해방이 되자 그는 마을 청년들을 규합해 '건국준비위원회 구미지부장'을 맡았다. 대구폭동이 일어나자 박상희가 구미 지역 폭동 세력의 지도자가 되었다. 박상희는 군중을 이끌고 선산경찰서를 습격했다. 그는 흥분한 군중의 폭도화를 막음으로써 우익 유지들로부터도 신임을 받고 있었다. 하지만 대구 등지에서 경찰이 무참하게 살해당하는 장면을 본 경찰은 구미폭동을 진압하는 과정에서 폭도들에게 관용을 베풀지 않았다. 진압 과정에서 박상희는 경찰의 총탄을 맞고 사망했다. 그의 나이 42세였다.

형의 죽음은 박정희에게 큰 충격을 주었다. 그는 나중에 고향에 내려와 형의 피살 경위를 알아보기 위해 수소문하며 돌아다니기도 했다. 박정희는 형을 죽음으로 내몬 우익 경찰과 그들의 배후로 생각한 미군에 대해 증오심을 품었다. 이때 박정희는 사상적 방황을 하다가 울분에 찬 마음에 좌익으로 기울게 된다.

증언에 의하면 박정희는 1947년 5월 이전에 남로당에 가입한 것으로 보인다. 존경했던 형의 죽음으로 심정적으로 좌익으로 기운 박정희에게 형의 친구와 만주군 시절의 좌익 인맥들이 접근해 왔다. 박정희는 형이 알고 지내던 황태성·이재복 등 경북 인민위원회 지도부와 연결되면서 이들을 통해 남로당 가입 권유를 받았다. 이재복은 군대 내의 남로당 조직을 관리하는 군사부(軍事部)의 책임자였다. 남로당 가입으로 박정희는 인생 최대의 시련을 맞게 된다.

011

/

여순반란,
백선엽과 김창룡

1948년 10월 19일 여수에 주둔 중이던 국군 14연대가 반란을 일으켰다. 수천 명의 사상자가 났다. 여순반란은 갓 창설한 군대 내에 남로당 세력이 조직적으로 자리 잡고 있음을 의미했다. 여순반란과 함께 시작된 숙군의 칼날은 박정희를 피해 가지 않았다. 박정희는 남로당 가입 혐의로 1948년 11월 11일 체포되어 남산 기슭 헌병대 영창에 수감됐다. 박정희를 조사한 이는 1연대 정보주임 김창룡 소령이다. 그는 군내 좌익 색출 검거를 주도하는 저승사자 같은 인물이었다.

박정희는 체포되는 순간 '이런 날이 올 줄 알았다'며 수사에 적극적으로 협조했다. 그는 여순반란 진압 시 토벌사령부의 정보장교로 근무하면서 확실한 국군 장교로서 행동을 했지만, 숙군 분위기에서 남로당 가입은 피해 갈 수 있는 문제가 아니었다. 박정희는 자신이 알고 있는 남로당 조직원(세포)을 털어놓았다. 당시 박정희의 진술서를 본 박정희 사관학교 동기 김안일은 "박정희가 이념적 공산주의가 아니고 인간관계와 복수심에 얽혀서 남로당에 들어간 감상석 공산주의자라는 생각이 들었다"라고 말했다.

혹독한 고문이 이어졌다. 당시 숙군 수사 총책임자는 육본 정보국장이던 백선엽 대령이었다. 백선엽은 숙군수사를 총괄하고 있던 육본 정보국 특무과 김안일 소령의 건의를 받아들여 박정희를 면담했다. 백선엽이 박정희를 면담하기까지 관련된 인물이 여럿 있지만, 당시 항공사관학교 김정렬 교장의 구명운동이 큰 영향을 미쳤다. 김정렬은 자신이 신임하던 박원석 대위가 박정희의 세포조직으로 체포되었다는 소식을 듣고 박원석을 살리기 위해 그 윗선인 박정희의 구명운동에 나선 것이다. 박원석은 박정희가 고문에 못 이겨 세포조직이라고 허위 자백한 인물이다.

백선엽을 만난 박정희는 "저를 도와주십시오" 하고 애원조로 말했다. 백선엽은 무심코 "도와드리지요" 하고 대답했다. 훗날 백선엽은 다음과 같이 말했다. "그분이 살아난 것은 간단합니다. 저와 직접 대면했기 때문입니다. 제 앞에 있던 그분의 측은한 모습, 거기에 저의 마음이 움직인 것입니다."

012

/

이현란,
용산시절

1947년 가을 박정희가 연애에 빠졌다. 상대는 이현란이라는 여성으로 북한 공산체제에 환멸을 느껴 월남한 여자였다. 박정희는 이해 9월 2일 대위로 진급해 조선경비사관학교 중대장으로 부임해 서울에 와 있었다. 열렬한 구애 끝에 박정희는 1948년 초 이현란과 약혼을 하고 용산 관사에서 동거에 들어갔다. 이 당시 이미 박정희는 남로당과 연결돼 있었다. 이현란은 박정희 체포 당시의 모습에 대해 다음과 같이 증언했다.

지금도 그 생각만 하면 가슴이 떨릴 정도로 충격을 받습니다. 많은 사람이 관사에 왔다 갔다 했습니다. 나이는 어리고 의지할 데 없는 저로서는 …. 이북에서 그게 싫어 왔는데 빨갱이 마누라라니. 얼마 후 수사 담당자인 김창룡이 찾아와서 경위를 설명해 주었습니다. 미스터 박의

메모도 전해 주었습니다.

박정희가 남긴 메모의 내용은 다음과 같다. '미안해 어쩔 줄 모르 겠다. 이것 하나만 믿어 주라. 아침에 국방부로 출근하니 어떤 사람 이 귀띔해 주더라. 내가 얼마든지 차 타고 달아날 수 있었는데 현란 이를 사랑하기 때문에 안 간 것이다. 이것이 나에게 얼마나 불리한 것인지 아는가?'

1950년 2월에는 이현란이 가출을 했다. 박정희는 사방을 찾아 헤 맸지만 결국 썰렁한 관사에 혼자 남게 됐다. 이때 박정희 나이 서른 셋이었다. 한 해 앞선 1949년 여름에는 한평생 고생만 하던 어머니 도 세상을 떠났다. 형 박상희에 이어 막내까지 남로당원으로 끌려가 자 박정희 어머니는 그 충격에 몸져 누웠다 세상을 등진 것이다.

이 무렵 박정희는 군에서 파면되고, 생활은 어렵고, 아내는 가출 하고, 어머니는 세상을 떠나고, 친구들에게는 배신자로 낙인 찍힌 상태였다. 박정희 생애 최고로 비참한 시기였다. 박정희와 육사 2기 동기생인 한웅진 중령은 당시 박정희 모습에 대해 이렇게 말했다.

박정희는 비참한 모습이었다. 술에 취해서 내 방에 기어 들어와서는 울기도 하고 잠을 못 이루면서 고민도 많이 했다. 나한테 하소연하다가 흐느끼고, 그러다가 밤이 늦어 취한 몸으로 아무도 없는 관사를 향해 돌아가던 뒷모습을 잊을 수 없다.

여순반란사건 당시 작전회의에 참가한 박정희 소령 (왼쪽 끝). 그 오른쪽은 작전사령관 송호성 준장.

013

/

전투정보과 문관 박정희,
6·25 전야

한 차례 지옥 문턱을 다녀왔지만, 군내(軍內) 남로당 숙청 사건은 박정희가 확실한 사상적 정체성을 갖게 되는 계기가 되었다. 그는 남로당에 연루되어 군에서 파면을 당했지만, 육군 정보국의 비공식 문관으로 계속 근무할 수 있었다. 이는 그를 구명한 백선엽 등의 배려가 큰 탓도 있었지만, 기본적으로는 박정희가 워낙 탁월한 군인이었으며, 군사정보 전문가였기 때문에 가능한 일이었다.

이 무렵 박정희는 김종필을 포함한 육사 8기생 엘리트 장교들과 만나게 된다. 이들이 바로 5·16을 기획하고 실행한 핵심 세력들이다. 박정희는 육사 8기생들의 두터운 신망을 받았다. 육사 8기생 이영근은 다음과 같이 말했다.

"작전과 정보에 대해서 경험이 없었던 저희들의 눈에 박정희 그분은 하나의 경이였습니다. 그분은 우리에게 형님 같기도 하고, 아버지 같은 느낌도 들었습니다. 업무에서는 엄격한 분이 술자리에서는 상하 관계를 의식하지 않고 소탈하게 우리를 대해 주었습니다."

1949년 하반기부터 더욱 심해진 북한과 남한 내 빨치산의 활동은 박정희에게 새로운 기회를 주었다. 1949년 12월 17일 작성된 육군본부 전투정보과의 '연말 종합 적정 판단서'는 박정희가 쓴 보고서다. 판단서의 결론은 '1950년 봄을 계기로 하여 적정의 급진적인 변화가 예기된다. 북괴는 전 기능을 동원하여 전쟁 준비를 갖추고 나면 38도선 일대에 걸쳐 전면 공격을 취할 기도를 갖고 있다고 판단된다'는 것이었다.

박정희는 1976년 6월 25일 일기에 이 보고서를 언급하며 '우리는 남침 징후를 6개월 전에 예측했었다. 육본 정보국에서는 적의 남침 가능성이 농후하다는 것을 군 수뇌부에 누차 보고하였다. 그러나 이 판단서를 믿으려 하지 않았다'고 기록했다.

6·25가 발발하자 이 보고서의 정확성은 8기생 내에서 박정희의 신뢰감을 높이는 계기가 되었다. 6·25 직전 박정희는 자신을 심문했던 장교들을 상대로 복직 탄원서를 받으러 다닐 정도로 그의 군 내 위치가 호전되었다.

014
/
6·25 이후 군(軍)으로
복직

정보국 문관으로 활동하며 박정희는 복직신청서를 넣어 놓은 상태였지만, 복직은 예상보다 빨리 이루어졌다. 6·25가 발발했기 때문이다. 6·25는 민족의 비극이었지만, 박정희 개인에게는 새로운 기회를 가져다 주었다. 6·25가 일어났을 때 그는 어머니 제사를 위해 고향에 내려가 있었다. 박정희는 부대를 떠나기에 앞서 김종필·이영근 중위를 불러 "상황이 심상치 않으니 무슨 일이 있으면 구미경찰서를 통해 연락해 달라"고 당부해 놓았다.

적이 공격을 개시했다는 전보를 받은 박정희는 신속하게 복귀했다. 오후 2시경 집을 떠나 도보로 구미로 향했다. 25일 야간 북행열차에 몸을 실은 박정희는 27일 오전 7시경 용산역에 도착했다. 곧바로 용산 육군본부 지하 벙커의 상황실로 복귀했지만, 이미 이승만 대통령은 서울을 탈출한 상황이었다. 28일부터는 서울이 적의 공격을 받았다. 박정희는 28일 밤 나룻배를 타고 한강을 건넌 후 걸어서 육본의 집결지인 시흥에 도착했다. 육본은 28일 오후 시흥에서 다시 수원으로 옮겼다.

정보국 소속의 김종필 중위가 수원의 임시정보국 건물에 들어서니 박정희가 정문에 서서 자기들을 맞아 주고 있었다. 김종필은 "저분은 역시 북으로 가지 않으셨구나!" 하며 안도했다. 당시 장도영 정보국장은 다음과 같이 회상했다.

"6월 30일 오전 수원국민학교에 임시로 설치된 정보국에 나갔더니 박정희 문관과 장병들이 무사히 와 있었다. 28일 새벽에 적군이 서울에 진입한 상황에서 그는 다르게 행동할 수도 있었지 않았겠는가? 나는 이때부터 그에 대한 사상적 의심을 버렸다."

6·25는 군 내에서 박정희에 대한 사상적 의심을 해소시키는 계기가 되었다. 장도영은 이때 박정희가 여전히 낡은 작업복을 입고 있었다고 말했다. 복직하지 않은 문관 신분이었기 때문이다. 장도영은 정일권 육군참모총장에게 박정희의 복직을 정식으로 건의했다. 1950년 7월 14일 박정희는 소령 계급을 달고 육군본부 전투정보과 과장에 임명되었다.

015
/
육영수와
박정희

박정희는 6·25 기간 육군본부를 따라 대구와 부산으로 옮겨 다녔다. 당시 박정희는 나이 서른셋에 외롭게 살고 있었다. 박정희가 부산에 머물 때 같은 정보과에 근무하고 있던 송재천 소위가 자신의 이종사촌 육영수를 만나 볼 것을 권했다. 육영수는 부모님을 따라 부산에서 피란생활 중이었다. 훗날 육영수는 박정희의 첫인상을 이렇게 말했다.

"맞선 보던 날 군화를 벗고 계시는 뒷모습이 말할 수 없이 든든해 보였어요. 사람은 얼굴로는 남을 속일 수 있지만 뒷모습은 남을 속이지 못하는 법이거든요."

박정희도 육영수에 대해 인생 배필로서 확신을 가졌다.

1950년 9월 15일 박정희는 중령으로 진급했다. 유엔군이 인천상륙작전을 감행하여 전황이 호전되자, 박정희·육영수 커플은 짬짬

이 데이트를 즐길 수 있었다. 곧이어 이 둘은 약혼을 했지만, 육영수 아버지 육종관은 박정희를 마음에 들어 하지 않았다. 박정희가 육영수보다 8살이나 많고, 한 번 결혼한 적도 있으며, 전쟁 통에 장래가 불투명한 군인이었기 때문이다. 더구나 육종관은 옥천의 갑부로 양반 집안이었지만, 박정희는 별로 내세울 것이 없는 가난한 농부 집안 출신이었다.

하지만 그 무엇도 박정희·육영수 사이의 사랑을 갈라 놓을 수는 없었다. 1950년 12월 12일 대구 계산동 천주교 성당에서 박정희·육영수의 결혼식이 열렸다. 육영수 아버지 육종관은 끝내 결혼식에 참석하지 않았다. 주례를 맡은 대구시장 허억이 "신랑 육영수 군과 신부 박정희 양은 …"이라고 말하는 바람에 식장이 웃음바다가 되었다.

신혼집은 대구 수성구 삼덕동에 있는 방 세 개짜리 셋방이었다. 이 집에 장모와 처제, 운전병과 부관이 함께 살았다. 박정희가 아침에 눈을 뜨면 육영수는 따뜻하게 데운 세숫물을 대야에 받쳐 들고 서 있었고, 박정희 앞에서는 마치 남 앞에 나서는 것처럼 옷맵시에 마음을 쓰고, 절대 맨발이 보이지 않도록 반드시 버선을 신었다. 육영수는 박정희를 깍듯하게 대했으며, 정성을 다해 내조했다. 이런 육영수를 박정희는 누구보다 사랑했으며, 고마워하고, 존경하고 또 의지했다.

1950년 12월 12일 박정희는 대구 계산동 천주교 성당에서 육영수와 결혼식을 올렸다.

016

/

군인 박정희와
생선회 사건

1951년 초, 전쟁은 장기전 양상으로 들어갔다. 9사단 참모장인 박정희는 강원도 산악전에서 실탄 공급보다 주먹밥 공급에 더 많은 신경을 써야 했다. 당시 일선 사단에는 전선에 무기와 식량을 나르는 노무자들이 2000명가량씩 배치되어 있었다. 인민군의 포격과 기습으로 하루 평균 서른 명의 전사자가 발생했다. 어느 날은 전사자가 두 명밖에 발생하지 않았다. 사단 작전참모가 사단장에게 "오늘은 두 명밖에 죽지 않았다. 좋은 날이니 회식을 시켜 달라"고 했다. 보고를 받은 사단장 김종갑 준장이 박정희 참모장을 불러 회식 준비를 시켰다. 그러자 박정희가 정색하고 말했다.

"한 명도 안 죽었다면 모르지만, 두 명밖에 안 죽었다고 축하하자는 데는 반대합니다. 그 두 사람의 부모는 아마 대통령이 죽은 것보다 더 슬플 겁니다."

이 말은 김종갑 준장의 증언으로 세상에 알려졌다.

한번은 이런 일도 있었다. 김시진 헌병대장이 강릉에 갔다 오면서 사단장을 위해 생선회 한 접시와 위스키 한 병을 사 가지고 왔다. 박정희 이하 참모들은 술도 좋아하지 않는 사단장이 왜 야전에서 생선회를 찾는지 의아해하면서 사단장 막사 쪽으로 귀를 쫑긋 기울였다.

"생선회 왔습니다."

"그래, 빨리 들어오라고 해."

사단장이 급히 야전 의자를 펼쳤다. 김시진은 사단장이 앉으라는 것인 줄 알고, "사단장님의 지시대로 동해안에 가서 싱싱한 생선회를 가져왔습니다"라고 말했다. 그러자 갑자기 사단장이 고함을 쳤다.

"야, 이놈아. 내가 살아 있는 생선 먹고 싶다고 했지, 죽은 생선 먹고 싶다고 했냐? 눈치도 없는 놈아."

'생선'이 당시 여자를 가리키는 은어인 것을 김시진은 모르고 있었던 것이다. 박정희와 참모들은 웃음을 참느라 진땀을 뺐다. 5·16 직후 김시진은 반혁명분자로 몰렸다. 그러자 혁명주체인 김재춘이 박정희에게 말했다.

"김시진은 생선이 여자를 가리키는 것도 모를 만큼 순진한 사람이라는 걸 잘 아시지 않습니까. 우리가 데려다 씁시다."

이후 김시진은 청와대 정보비서관으로 발탁됐다.

017
/
국군장병에게
고함

1952년 전선은 38선 부근에서 고착되면서 고지전 양상으로 들어 갔다. 유엔군과 공산군의 휴전회담이 지루하게 이어졌다. 이승만은 동족상잔의 대가를 분단으로 끝내고 싶어하지 않았다. 미국은 노골적으로 휴전 회담에 반대하는 이승만을 부담스러워했다. 미국은 선거를 통해 이승만을 교체하고 자기네 말을 잘 듣는 장면(張勉)을 대통령에 앉히려는 작전을 노골적으로 펼쳤다. 미국은 현행 법하에서 선거를 치르면 이승만이 재선될 확률이 50% 미만이라고 판단했다.

이를 눈치챈 이승만은 1951년 11월 대통령 직선제와 양원제를 골자로 하는 개헌안을 국회에 제출했지만 이듬해 1월 부결되었다. 임시수도 부산은 개헌 문제로 친이승만파와 미국의 지원을 업은 야당파의 찬반 시위가 벌어지는 등 정국이 소용돌이에 휘말렸다. 5

월 25일 이승만은 부산에 비상계엄령을 선포하고, 계엄사령관에 이종찬 육군참모총장을 임명했다. 하지만 전시 중에 부산지역에 계엄군 파견이 문제였다. 당시 부산엔 전투병력이 없었고, 원용덕이 이끄는 헌병대 2개 중대 정도의 병력으로 계엄령을 유지하고 있었다. 5월 26일 일부 계엄군이 부산의 임시 국회의사당으로 출근하는 국회의원 통근버스를 헌병대로 끌고 갔다.

　대구 육본에서 열린 참모회의는 이 문제를 놓고 격앙되었다. 이때 육군참모총장 이종찬은 "군이 정치에 이용되어서는 안 된다"며 강경하게 나왔다. 이종찬은 '육군장병에게 고함'이라는 육군본부 훈령 217호를 발표했다. 이는 이용문 작전국장 대리로 작전회의에 참석한 박정희 차장이 기초한 것이다. '정치 변동기에 처하여 군의 본질과 군인의 본분을 망각하고 의식·무의식을 막론하고 정사에 간여하여 경거망동하는 자가 있다면 누란의 위기에 있는 국가의 운명을 일조(一朝)에 멸망의 연(淵)에 빠지게 하여 한을 천추에 남기게 될 것이다'란 내용이었다. 이는 한마디로 군의 이승만 대통령에 대한 정면도전이었다. 이종찬은 군의 정치적 중립이란 명분을 내세워 부산지역에 계엄군을 파견하라는 대통령의 명령을 거부한 것이다.

018
/
육본의
심야 참모회의

계엄령 선포 1주일 뒤 육본에서 심야(深夜) 회의가 열렸다. 이 무렵 이종찬 총장은 지난 번 육군 훈령 건으로 대통령에게 사표를 제출하고 칩거 중이었다. 이날 참모회의에는 이용문 국장 대신 박정희 차장이 참석했다. 회의 중에 후방에서 공비토벌 중인 2개 대대를 부산으로 보내 2개 중대에 불과한 원용덕의 헌병대 병력을 견제하자는 의견이 나왔다. 이는 곧 이승만이 유일하게 의존하고 있던 헌병대가 무력화하고, 야당이 지배하는 국회에 의해 정권이 교체된다는 것을 의미했다. 이 회의가 단순한 참모회의가 아니라 나라의 운명을 바꿀 수 있는 폭발력을 지닌 회의라는 것을 의미했다.

회의의 전체 분위기는 파병 쪽으로 흐르고 있었다. 결론을 내려야 했기에 참모들이 부재 중인 가운데 이종찬 총장 대신 유재흥 차장을 참모회의 의장으로 모셔 오라고 했다. 유재흥이 도착해 사회를 보았다. 유재흥이 참모들에게 한 사람씩 의견을 물었다. 참모들은 상부에서 결심하면 가능은 하지만, 그렇다고 꼭 해야 한다고 말하는 이는 없었다. 유재흥은 결론을 내렸다.

"그렇다면 육본의 태도를 분명히 하겠다. 오늘 현재 육본의 결심은 변동이 없다."

지난 5월 26일 발표한 군의 정치적 중립을 계속 지키겠다는 결정이었다.

참모회의에 참석했던 김종평 정보국장은 이날 회의를 소집한 사람은 박정희 대령이었다고 말했다. 의제를 상정한 박정희는 지켜보는 입장을 취했다. 군이 동원될 경우 총대를 메야 할 이용문 국장이 박정희로 하여금 의제를 상정시키게 해 참모회의의 분위기를 떠보려 했다는 분석이 유력하다. 결국 이용문-박정희 라인의 쿠데타 시도가 실패로 돌아갔다는 분석이다.

이날 회의에 참석한 총장 비서실장 안광호 대령은 "그날 밤 박정희 대령의 표정을 보니 '명령만 내리시면 가능합니다'라고 대답할 때나, 유재흥 차장이 '부산 파병은 안 된다'고 결론 내릴 때나 흔들림이 없었다"고 말했다. 그는 "박정희는 청탁(淸濁)을 같이 들이마실 수 있는 큰 인물이라고 생각했다"고 말했다. 이날 참모회의 후 미국 정부는 이승만을 제거하려던 기존 입장을 바꿔 이승만에 대한 지지로 돌아섰다.

019
/
박정희와
이용문

1952년 10월 박정희는 포병으로 보직을 옮겼다. 당시 육군은 포병을 증강하면서 포병단장 요원으로 고참 대령 20명을 뽑아 교육시켰는데, 박정희가 포함된 것이다. 이는 박정희가 장군 진급에 한 발 유리한 고지를 차지했음을 의미한다. 박정희가 광주 포병학교 교육을 받기 위해 이사를 하는데 이삿짐이 경비행기에도 실을 만큼 단출했다.

1953년 6월 24일 밤 남부경비사령관 이용문 준장이 비행기 추락 사고로 순직했다. 지리산 공비토벌 작전을 지휘하며 대구로 가다가 전북 남원군 운봉면 상공에서 비행기가 추락한 것이다. 비행기는 논두렁에 처박혀 있었고, 이용문은 뒷자리에서 사망한 채 발견됐다. 당시 그의 나이는 37세다. 1952년 5월 25일 이승만이 부산에 계엄령을 선포하자 군의 중립을 내세워 "군이 정치에 이용되어서는 안 된다"는 내용의 육본 훈령 217호 '육군 장병에게 고함'을 발표한 장본인이다. 이용문은 육본 작전국장 시절 박정희의 상관으로 박정희가 군에서 진심으로 존경하고 따른 거의 유일한 인물이었다. 만약 이용문이 살아 있었다면 박정희가 그를 추대하여 쿠데타를 감행했을 것이라고 말하는 사람이 많다.

이용문의 사망 후 박정희는 유족에 대한 배려를 아끼지 않았다. 박정희는 육영수와 함께 그의 기일이 되면 부인 김정자 여사의 집에 들러 위로했다. 자신도 가난에 쪼들렸지만, 돈을 모아 유족들에게 건넸다. 5·16 후 대구 근처에 있던 이용문의 묘소를 수유리로 옮기는 장례위원회 위원장도 당시 최고회의 의장이던 박정희가 맡았다. 박정희는 이용문의 동상 건립에 앞장섰으며, 육사에서 매년 '이용문 장군배 쟁탈 승마대회'를 개최해 그를 기렸다. 훗날 이용문의 장남인 이건개 검사를 청와대 비서실에 근무하게 했으며, 31세인 그를 서울시경국장에 발령 냈다. 1953년 7월 휴전 직전 박정희는 광주에 창설한 3군단 포병단과 함께 강원도 양구로 이동했다. 기나긴 전쟁도 끝을 향해 가고 있었다.

육군본부 작전국장 이임식에 나란히 선 이용문 준장(왼쪽)과 박정희 대령.

020

/

박근혜의
탄생

1952년 2월 1일 저녁 대구시 삼덕동 셋집. 육영수가 산통(産痛)을 시작했다. 같이 살던 장모 이경령, 처제 육예수는 공교롭게도 집을 비우고 있었다. 박정희는 산파를 불렀다. 육영수가 산고(産苦)를 치르는 동안 박정희는 옆방에서 초조하게 담배를 피웠다. 아내의 신음소리에 견디다 못한 박정희가 안방으로 들어갔다. 육영수는 책상다리를 붙잡고 힘을 주고 있었다. 얼굴은 땀으로 범벅이었다.

"저렇게 고생하는 걸 차마 못 보겠는데 어떤 방법이 없습니까?"

산파는 다소 통명스럽게 "잠시만 참아요"라고 말했다. 아이를 낳을 때까지 박정희는 아내의 손을 꼭 잡고 곁을 지켰다. 후일 제18대 대한민국 대통령이 될 아이가 세상에 나온 것은 새벽이 되어서였다. 박정희는 옥편을 뒤적이던 끝에 아이의 이름을 지었다. 조국 대한민국을 의미하는 '무궁화 근(槿)' 자에 '은혜 혜(惠)'. 육영수와

1951년 4월 강릉 경포대에서 데이트를 하고 있는 박정희-육영수 부부.

의 결혼으로 오랜 방황에서 벗어났던 박정희는 근혜가 태어나면서 정서적으로 더 안정이 됐다. 그해 7월 2일 밤 박정희는 〈영수의 잠 자는 모습을 바라보고〉라는 시(詩)를 썼다.

밤은 깊어만 갈수록 고요해지는군 / 대리석같이 하이얀 피부 / 복욱(馥 郁·꽃다운 향기)한 백합과도 같이 향훈을 뿜는 듯한 그 얼굴 / 숨소리 가 늘게, 멀리 행복의 꿈나라를 거니는 / 사랑하는 나의 아내, 잠든 얼굴 더 욱 예쁘고 / 평화의 상징! 사랑의 권화(權化)여! / 아! 그대의 눈, 그 귀, 그 코, 그 입 / 그대는 인(仁)과 자(慈)와 선(善)의 세 가닥 실로 엮은 / 한 폭 의 위대한 예술일진저 / 옥과도 같이 금과도 같이 / 아무리 혼탁한 세속에 젖을지언정 / 길이 빛나고 길이 아름다워라.

나의 모든 부족하고 미흡한 것은 / 착하고 어질고 위대한 그대의 여성 다운 인격에 흡수되고 동화되고 정착되어 / 한 개 사나이의 개성으로 세 련되고 완성되리.

행복에 도취한 이 한밤 이 찰나가 / 무한한 그대의 인력(引力)으로써 / 인생 코스가 되어주오.

그대 편히 잠자는 모습을 바라보고 / 이 밤이 다 가도록 새날이 오도록 / 나는 그대 옆에서 그대를 보고 앉아 이 행복한 시간을 / 영원히 가질 수 있도록 기도하고 있다.

021
/
박정희식
일처리

박정희 대령은 1953년 7월 휴전 직전에 강원도 양구에 있는 3군단 포병단장으로 부임했다. 당시 그의 전속부관은 후일 '새 박사'로 유명해진 원병오(전 경희대 교수) 중위였다. 그때 작전참모로 일했던 오정석 중령(예비역 육군 준장)은 당시 박정희가 참모들에게 이렇게 강조했다고 술회했다.

"군단에서 지시가 내려가면 말단 부대의 소대장에게 전달된다. 그 후 사병들이 일을 하게 된다. 일이 어떻게 되어 가는지 물어보면 소대장은 현장에 가 보지도 않고 전화로 중대장에게 '예, 명령 하달 했습니다. 잘되어 갑니다'라고 보고한다. 중대장은 다시 대대장에게, 대대장은 연대장에게, 연대장은 사단장에게, 사단장은 군단장에게 이런 식으로 보고한다. 이래 가지고는 일이 안 된다. 귀와 입으로 일하면 아무 것도 되는 일이 없다. 다리와 눈으로 일하라. 명령은 5%이고 확인과 감독이 95%다."

포병학교장 시절(1955년) 박정희는 큰소리나 욕설 한 번 없이 부하들을 꼼짝 못하게 만들었다. 예를 들어 유류 현황을 참모가 보고하면, 박정희는 가만히 듣고 있다가 이렇게 말한다.

"이봐, 지난주엔 232드럼 남았다고 했는데 오늘까지 추가 소모가 없었는데 왜 잔고가 212드럼이 됐어? 20드럼은 어떻게 된 거야?"

한 달쯤 지나자 모든 참모가 차트를 들고 현장을 뛰어다니면서 확인하고 기록하게 되었다.

박정희는 포병학교장 시절 이런 훈시를 하기도 했다.

"위관(尉官) 장교는 발로, 영관은 머리로, 장군은 배짱으로 일하는 겁니다. 위관은 항상 사병들과 더불어 먹고 자고 발로 뛰면서 일해야 합니다. 영관 장교는 머리를 짜서 자기 분야에 전념하여 정보를 수집하고 분석하여 상관에게 A안 B안을 제시한 다음 각각의 장단을 설명하고 '저는 이런 이유에서 어느 안을 추천합니다'라고 건의할 수 있어야 합니다. 영관 장교는 전문가적 식견을 갖추어 참모로서 지휘관을 보필할 수 있어야 한다는 말입니다. 장군은 참모로부터 추천받은 안을 선택하는 결심을 한 다음 배짱으로 밀고 나가는 겁니다. 장군은 관리자이지 기능인이 아닙니다."

022

/

미국
유학

1953년 11월 25일, 박정희는 준장으로 진급했다. 이와 함께 박정희는 미국 육군포병학교 고등군사반 유학생으로 선발되었다. 육군 특무부대에서 남로당 전력을 이유로 그의 미국행에 브레이크를 걸었지만, 백선엽 육군참모총장 등이 나서서 문제를 해결해 주었다.

미국 육군포병학교는 오클라호마주 포트 실에 있었다. 여기서도 박정희는 과묵하고 열심히 공부하는 모범생이었다. 동전을 넣는 세탁기로 직접 빨래를 하기도 했다. 박정희가 3군단 포병단장 시절 작전참모였던 오정석 중령은 "포트 실에서 정말로 배운 것은 포술학(砲術學)보다는 미국 그 자체였다"고 회고했다. 전쟁으로 모든 것이 파괴된 가난한 나라에서 온 장교들은 선진 미국의 공기를 호흡하면서 합리주의, 선진 관리기법 등을 배웠고, 조국의 암울한 현실을 타파해야겠다는 의식을 갖기 시작했다. 박정희는 1954년 6월 27일 귀국했다. 귀국을 앞둔 6월 14일 이런 일기를 남겼다.

번잡한 서울 한 모퉁이에서 내가 돌아올 날만을 기다리고 있을 영수! 인천 부두에서 기다릴 영수의 모습이 떠오른다. 근혜를 안고 "근혜, 아빠 오셨네" 하고 웃으면서 나를 맞아 줄 영수의 모습! 나의 어진 아내 영수. 그대는 내 마음의 어머니다. 셋방살이. 없는 살림. 좁은 울 안에 우물 하나 없이 구차한 집안이나 그곳은 나의 유일한 낙원이요 태평양보다 더 넓은 마음의 안식처이다. 불원(不遠) 우리 가정에는 새로운 희보(喜報)가 기다리고 있다. 남아일까 여아일까. 이름은 무엇으로 할까. 남아일 때는 태평양상에서 본 구름과 같은 기운을 상징시켜 운(雲) 자를 넣을까. 시운(時雲), 수운(秀雲), 일운(一雲), 일운(逸雲), 일훈(一薰). 여아일 때는 근숙(槿淑), 운숙(雲淑), 근정(槿貞), 근랑(槿娜), 운희(雲姬). 결정권은 영수에게 일임하자.

귀국한 지 사흘 뒤 둘째 딸 근영이 태어났다. 박정희는 귀국선물로 목욕탕에 치는 비닐 커튼을 사 왔다. 육영수는 이걸 창문 커튼으로 치고 친척들에게 자랑했다. 귀국하자마자 박정희는 2군단 포병사령관으로 발령 났다. 군단장은 장도영이었다.

포병학교장 박정희(맨 오른쪽)과 교무처장 오정석 중령(맨 오른쪽) 및 참모들.

023

/

25년 동반자
박환영 · 이타관

1955년 박정희 준장은 광주 포병학교장으로 부임했다. 여기서 그는 후일 중요한 역할을 하게 되는 사람들을 만난다. 생도대장 홍종철(洪鍾哲) 소령, 행정처 이낙선(李洛善) 소령은 후일 5·16에 참여, 요직을 역임했다. 이들 말고도 박정희는 포병학교에서 이후 25년간 그와 함께할 사람을 만났다. 당번병 박환영(朴煥榮) 일병과 운전병 이타관(李他官) 상병이었다. 박환영은 '말을 건네기가 힘들 정도로 무섭게 보이던' 박정희가 알고 보니 그렇게 자상하고 따뜻할 수가 없어서 놀랐다고 한다.

박정희는 처음 두 달 동안은 박환영을 "박 병사"라고 부르더니, 그 뒤로는 "환영아"라고 불렀다. 박환영의 고향은 육영수와 같은 충북 옥천이었다. 박정희는 "옥천이면 내 장인 알겠네!"라고 했다. 육영수와 박근혜는 박환영을 아저씨라고 불렀다. 박정희는 당번병을 결코 하인처럼 부리지 않고 식구처럼 대했다. 박환영은 이후 박정희를 죽 따라다니다가, 박정희가 대통령이 된 후에는 비서실 소속 공무원으로 신당동 사저 관리인으로 일했다. 박환영은 박정희에 대해 이렇게 말했다.

"그분은 아무리 잘못해도 처음 한두 번은 지적하지 않습니다. 세 번째쯤 실수하면 그때는 납득할 만큼 따끔하게 나무라시지요. 저에게는 평생 그런 식으로 말씀하신 적도 없습니다."

운전병 이타관 상병도 이후 계속해서 박정희를 모셨다. 박정희가 대통령이 된 후에는 경찰공무원 신분으로 10·26 때까지 대통령 공용차 운전기사로 일했다. 그는 총경까지 올라갔는데, 경찰 운전직 공무원으로서는 가장 높이 올라갔다는 기록을 세웠다.

박환영과 이타관, 두 사람이 25년간이나 박정희와 인연을 이어갈 수 있었던 이유에 대해 이타관은 "그분이 인간차별을 하지 않았기 때문"이라고 말했다. 박정희는 술을 마시러 갈 때에도 이타관에게 무작정 기다리게 하지 않았다. "몇 시까지 다시 오라"고 배려해 준 것이다. 박정희는 대통령 시절 청와대 정원사, 목수에게도 경어를 쓰는 사람이었다.

024

/

1956년 5·15선거 —
"선거에 관한 한 나는 사단장이 아니다"

1956년 5월 15일 제3대 정·부통령 선거가 실시됐다. 민주당의 신익희·장면 후보는 '못 살겠다 갈아보자'라는 구호로 국민들의 마음을 사로잡았다.

송요찬 3군단장은 예하 부대를 돌아다니면서 이승만 지지를 독려했다. 박정희 5사단장은 참모회의에서 선언했다. "선거에 관한한, 지금부터 나는 사단장이 아니다." 일종의 소극적 저항이었다. 당시 군수참모였던 윤필용은 "그 정도의 저항이라도 한 사단장은 그분뿐이었을 것"이라고 후일 술회했다.

신익희 후보가 급서(急逝)하는 바람에 이승만은 손쉽게 대통령에 당선됐다. 선거 며칠 후 비무장 지대의 한 초소장(哨所長·소위)이 부정선거에 항의하는 편지를 남기고 당번병과 함께 월북(越北)했다. 월북사건이 있던 주 토요일에는 사단 작전장교 조규동 소위

5사단장 시절의 박정희 준장(가운데). 그 왼쪽이 3군단장 송요찬 중장이다.

가 가짜 출장증명서를 만들어 상경(上京)했다. 그는 《조선일보》편집국을 찾아가 홍종인 주필을 만나 군내(軍內) 부정선거 실태를 고발했다. 공교롭게도 홍종인을 만나러 왔던 특무대 간부가 이 이야기를 들었다. 그는 바로 5사단 특무대로 연락했다. 사단 특무대장이 귀대한 조 소위를 구속하겠다고 했다. 박정희는 조 소위를 구속하는 대신, 작전참모 집 등에서 일종의 연금(軟禁)생활을 하도록 했다. 열흘 후 박정희는 조규동을 불렀다. 박정희는 한참 하급자인 조 소위에게 경어(敬語)를 쓰면서 이렇게 말했다.

"임자가 나쁘다는 것이 아니오. 그런 선거를 나도 하고 싶어서 한 것이 아니오. 군단장이 시키고 하니 나도 어쩔 수 없었던 거요. 만약 임자도 연대장이었으면 그런 지시를 거부할 수 없었을 거요. 청년장교로서 임자의 정의감은 나도 인정합니다. 그러나 수술이란 때가 있는 법입니다. 섣불리 건드리면 도집니다. 지금 수술하면 희생만 큽니다. 때를 기다릴 줄 알아야 합니다."

후일 조규동 소위는 "그분이 말씀을 참 어질게 했다"고 기억했다. 조 소위는 처벌을 받지 않았다. 그리고 박정희는 이때부터 자기 사람을 만들어 가면서 '수술'을 위한 준비에 나섰다.

025
/
공사(公私) 구분
철저

6·25 이후 한국군의 상황은 열악했다. 부정부패가 만연했고, 군수물자와 보급품을 빼돌려 장군들이 잇속을 챙기는 것은 일상이 되었다. 후생사업 명목으로 각종 부정이 저질러졌다. 사병들은 굶주림과 추위에 떨었다. 탈영이 비일비재했고, 간부들도 집안일을 돌보느라 부대에 출근하지 않는 경우가 많았다. 이런 환경에서도 박정희는 군인으로서 지조를 잃지 않았다.

1957년 박정희가 제7사단장으로 있을 때였다. 참모총장으로부터 각 군의 모포재고량을 조사해서 보고하라는 지시가 내려왔다. 다른 사단에서는 책임을 면하기 위해 장부를 허위로 조작해서 수치를 맞춰 보고했다. 하지만 박정희는 모포가 모자란다고 정직하게 보고를 올렸다. 그는 군생활 내내 공(公)과 사(私)를 칼과 같이 가린 군인이었다.

5사단장 시절 통신중대 부(副)중대장이었던 고창국 당시 중위는 "사단장의 내무사열이 가장 무서웠다"고 회고했다.

사단장은 통신참모 심 중령을 총애했습니다. 심 중령은 그분의 바둑 상대였습니다. 우리는 이런 관계를 잘 알고 있었기 때문에 통신중대의 내무사열에 대해서 안심을 했습니다. 그런데 막상 내무사열이 시작되자 사단장은 통신참모가 타고 다니던 지프부터 검열하는 것이었습니다. 차를 도크 위로 올려놓게 한 뒤 지휘봉을 든 그분이 자동차 아래로 들어가더니 손가락으로 쓱 문질러 보고는 "재검열!"하고 나가 버렸습니다. 설마 자동차의 밑까지 보리라고는 생각도 못했습니다. 모든 장교들이 차를 한 대씩 맡아 밤을 새워 가면서 윤이 반들반들 나도록 닦았습니다. 우리는 "일본 육사 출신이 무섭기는 무섭구나!"라고 한마디씩 했습니다.

026

/

노량진 집과
충현동 집

박정희는 가난한 군인이었다. 충북 옥천의 아흔아홉칸 집에서 자라난 육영수는 박정희와 결혼, 셋방을 전전해야 했다. 박정희가 2군단 포병사령관으로 있던 시절, 군단 휼병(恤兵)참모가 장도영 군단장에게 "박정희 장군은 청빈한 것이 지나쳐서 가족들이 아직도 셋방살이를 하고 있다"고 보고했다. 장도영 군단장은 후생사업을 맡고 있던 휼병참모에게 "박 장군에게 집을 하나 구해 주면 어떨까?"라고 했다. 이 일이 실현되기 전에 박정희는 광주의 포병학교장으로 전출되었다.

1955년 박정희 준장은 강원도 인제의 5사단장으로 영전되었다. 그가 전투부대 지휘관이 된 것은 이때가 처음이었다. 숙군 이후 그의 뒤를 따라다니던 사상적 혐의가 풀린 것이다.

박정희 가족이 서울에서 살 집이 필요했다. 사단 헌병부장이 나서서 노량진 역전에 부엌도 없는 문간방 두 개를 구해 주었다. 당번병 박환영, 운전병 이타관이 판자와 거적을 덮어 부엌을 만들었다. 박정희의 장모 이경령은 이 노량진 시절을 가장 어려웠던 시기로 기억했다.

"방엔 불도 들이지 못하고 방바닥에서 물이 줄줄 나서 …. 그때 군인들이 비옷으로 쓰던 장옷을 방바닥에 깔면 축축하게 누기가 차서 도무지 앉지도 눕지도 못하여 밤이나 낮이나 서성거리고, 밥이라고는 풍로에다가 해서 끼니라고 때우고, 그때 참말로 고생을 말없이 하고요. 손녀딸 근혜는 아파서 울고요 …."

박정희의 처제 육예수는 "말이 장성 집이지 최하층 빈민생활이었다"고 당시를 회고했다. 박정희 부부가 '내 집'을 마련한 것은 1956년 4월이었다. 서울 충현동의 낡은 2층 일본식 집을 샀다. 집 옆에는 높은 축대가 있어 낮에도 어두웠고 홍수가 나면 하수(下水)가 역류하여 마당이 물바다가 되곤 했다.

집에 쌀이 떨어지는 경우도 비일비재했다. 그럴 때면 육영수는 박정희의 옛 부하들에게 도움을 청하곤 했다. 그러면서도 육영수는 당번병 박환영이 외출 나올 때 미군 C레이션이나 건빵을 갖고 나와 근혜에게 주면, 야단을 쳤다. 고스란히 다시 싸 주면서 "군인들이 먹을 음식을 가지고 나오면 누군가는 굶게 되는 것 아니냐?" 면서 ….

제3부

혁명

027
/
부산
군수기지사령관

1960년 1월 21일 박정희 소장은 지금의 수도방위사령부 격인 6관구 사령관에서 신설된 부산 군수기지사령부 초대 사령관으로 자리를 옮겼다. 부임 후 첫 기자회견에서 《부산일보》 기자 김종신이 물었다.

"부산에 있는 부대들은 말썽이 많다는 것을 알고 오셨을 텐데 앞으로 부대 운영은 어떻게 해 나갈 작정입니까?"

박정희 사령관은 한참 있다가 천천히 입을 뗐다.

"잘해 나갈 작정입니다."

박정희는 자유당 실세 의원의 친척이 관련된 군내 부정사건을 철저하게 수사하도록 했다. 수사 책임자가 머뭇거리자 "자네는 사실대로 수사해. 책임은 내가 지는 거야"라고 했다. 그 자유당 의원이 항의차 찾아오자 몇 시간을 기다리게 해 놓고는 결국 만나 주지 않았다.

이 무렵 박정희의 자형 한정봉이 군 관련 사업에 손을 대 보겠다고 편지를 보내 왔다. 한정봉은 박정희를 끔찍하게 아껴 주었던 누이 박재희의 남편이었다. 박정희는 한정봉에게 편지를 보냈다.

* (전략) 하송(下送)하신 서신은 잘 배독(拜讀)하였습니다만, 아시다시피 지금 군에서 장사를 한다든가 군을 상대로 사업을 한다는 것은 도저히 불가능한 일이고, 더욱이 형님과 같이 자본도 없고 사업 경험도 없는 분은 절대 가망 없는 일이오니 기대하지도 마시고 공연히 되지도 않을 일로 여비까지 써서 이곳까지 오실 필요도 없으니 단념하시기를 바랍니다. 물론 형님의 딱한 사정도 잘 아는 바이나 되지도 않을 일로 오셔서 딱한 이야기만 하시면 저만 마음 괴로울 뿐이니 이 점 양해해 주시기를 복망(伏望)하나이다.

한정봉은 박정희가 교사를 그만두고 만주로 갈 때나, 만주에서 돌아와 육사에 입교하기 전 낭인생활을 할 때, 박정희를 많이 도와 줬었다. 하지만 그런 자형의 부탁을 박정희는 박정하리만큼 단호하게 끊었다. 후일 박정희가 대통령이 된 후 박재희는 서울로 이사했다. 박정희는 권상하 정보비서관을 보내 낙향을 종용했다. 박재희는 "대한민국은 거주의 자유가 있다"면서 거절했다. 박정희는 집 주위에 경찰관을 배치해 청탁자가 출입하지 못하도록 감시했다.

028

/

부산지구
계엄사무소장

3·15 부정선거에 항의하는 시위대가 서울을 휩쓴 1960년 4월 19일 밤, 정부는 전국에 계엄령을 선포했다. 부산 군수기지사령관 박정희 소장은 부산지구 계엄사무소장으로 임명됐다. 부산지구 계엄사무소는 사찰계 형사들의 학원 수색을 금지하고, 민주당원을 시위주모자로 몰아 고문한 사찰계 형사를 구속하는 등 시위대 편을 들었다.

4월 24일 부산 범어사에서는 4·19 시위 희생자 13명에 대한 합동 위령제가 열렸다. 박정희 소장도 이 자리에 나가 추도사를 했다.

"이 나라에 진정한 민주주의의 초석을 놓기 위하여 꽃다운 생명을 버린 젊은 학도들이여! 여러분의 애통한 희생은 바로 무능하고 무기력한 선배들의 책임인바, 나도 여러분 선배의 한 사람으로서 오늘 같은 비통한 순간을 맞아 뼈아픈 회한을 느끼는 바입니다.

(중략) 여러분이 흘린 고귀한 피는 결코 헛되지 않을 것입니다. 그러한 연유로 오늘 여러분들의 영결(永訣)은 자유를 위한 우리들과의 자랑스러운 결연(結緣)임을 저는 확신합니다. (중략) 여러분들이 못다 이룬 소원은 기필코 우리들이 성취하겠습니다. 부디 타계(他界)에서나마 영일(寧日)의 명복을 충심으로 빕니다."

이틀 후 이승만 대통령이 하야했다. 얼마 후 박정희 소장은 학생 대표들을 계엄사무소로 불렀다. 박 소장이 말했다.

"오른편에 앉은 학생부터, 계엄사무소가 앞으로 무엇을 해 주었으면 좋겠는지를 말해 주시오."

모두들 돌아가면서 당시 정치·사회 상황에 대한 의견을 피력했다. 부산 동아대에 재학 중이던 박관용(朴寬用·전 국회의장)은 이렇게 말했다.

"지금 사회가 혼란하다 보니 물가가 요동치고 있습니다. 보리쌀 값, 연탄값이 엄청나게 오르고 있습니다. 조금 고(高)지대에 사는 집에는 여기에 배달값이라고 해서 돈을 더 받으려 합니다. 서민들이 몹시 어려움을 겪고 있으니, 이를 단속해 주시면 좋겠습니다."

박정희 소장은 지휘봉을 흔들면서 "자네, 지금 좋은 얘기를 해 줬어. 내 생각을 일깨워 주었어"라며 좋아했다.

029

/

도의와
기백

오래 전부터 '혁명'을 꿈꾸어 왔던 박정희 소장에게 4·19는 기회였다. 하지만 4월 26일 이승만이 하야하면서 그 기회는 무산되고 말았다. 대구사범학교 동기이자 《부산일보》 주필인 황용주는 기회만 있으면 박정희와 만나 '혁명'에 대해 이야기를 나누던 사이였다. 이승만 하야 직후 황용주와 만난 박정희는 "아이고, 학생 놈들 때문에 다 글렀다"고 푸념했다. 황용주는 놀리듯이 말했다. "봐라, 쇠뿔도 단김에 빼라카니."

이 무렵 박정희는 황용주, 소설가인 이병주 《국제신보》 주필 겸 편집국장 등과 술자리를 자주 했다. 박정희는 이승만에게 동정적인 사설을 쓴 이병주의 사설에 불만을 표시하기도 했다.

"그에겐 동정할 여지가 전혀 없소. 12년이나 해먹었으면 그만이지 사선(四選)까지 노려 부정선거를 했다니 될 말이기나 하오? 우선 그, 자기 아니면 안 된다는 사고방식이 돼먹지 않았어요. 후세에 경종을 울리기 위해서도 춘추(春秋)의 필법(筆法)으로 그런 자에겐 필주(筆誅)를 가해야 해요."

박정희는 이들과 어울린 자리에서 '국가개조' '쇼와(昭和)유신'을 내걸고 2·26사건 등을 일으켰던 일본 청년장교들을 칭찬하곤 했다. 황용주는 펄쩍 뛰었다. "너, 무슨 소릴 하노. 놈들은 천황 절대주의자들이고 케케묵은 국수주의자들이다. 그놈들이 일본을 망쳤다는 사실을 모르고 하는 소리가?"

박정희도 가만히 있지 않았다. "일본의 군인이 천황절대주의자 하는 게 왜 나쁜가. 그리고 국수주의가 어째서 나쁜가?"

"그것은 고루한 생각으로서 세계평화에 해독이 된다."

"그런 잠꼬대 같은 소릴 하고 있으니까 글 쓰는 놈들을 믿을 수 없다. 일본이 망한 게 뭐꼬? 지금 잘해 나가고 있지 않나? 역사를 바로 봐야 해. 패전 후 얼마 되지 않아 일본은 일어서지 않았나?"

"국수주의자들이 망친 일본을 자유주의자들이 일으켜 세운 거다."

"자유주의? 자유주의 갖고 뭐가 돼? 국수주의자들의 기백이 오늘의 일본을 만든 거야. 우리는 그 기백을 배워야 하네."

"배워야 할 것은 기백이 아니고 도의감이다. 도의심의 뒷받침이 없는 기백은 야만이다."

"도의는 다음 문제다. 기백이 먼저다."

030

/

송요찬
총장께

이승만이 하야하고 채 1주일이 지나지 않은 1960년 5월 2일. 박정희 소장은 작전장교 손영길(육사 11기. 수경사 참모장 역임) 대위를 시켜 송요찬 육군참모총장에게 한 통의 편지를 보냈다. 박정희의 편지는 다음과 같다.

참모총장 각하

(중략)

지금 3·15부정선거에 관련된 많은 사람들이 선거 부정 관리의 책임으로 규탄되고 있으며 군 역시나 내부적·외부적 양면에서 이와 같은 비난과 정화(淨化)에서 예외가 될 수는 없을 것이오니 미구(未久)에 닥쳐올 격동의 냉각기에는 이것이 문제화될 것은 명약관화(明若觀火)한 일이며 (중략) 비견(鄙見)이오나 군은 상명하복(上命下服)의 엄숙한 통

수계통에 있는 것이므로 군의 최고명령자인 각하께서 부정선거에 대한 전 책임을 지시어 정화의 태풍이 군내에 파급되기 전에 자진 용퇴하신 다면 얼마나 떳떳한 것이겠습니까? 각하께서는 4·19 이후의 민주적인 제반 처사에 의하여 절찬을 받으시오니 부정의 책임감은 희미해지며 국민이 보내는 갈채만을 기억하시겠습니다마는 사실은 불일내(不日內)에 밝혀질 것입니다. 차라리 국민이 아쉬워할 이 시기를 놓치지 마시고 처신을 배려하심이 각하의 장래를 보장하며 과거를 장식케 하는 유일한 방도일까 아뢰옵니다.

4·19사태를 민주적으로 원만히 수습하신 각하의 공적이 절찬에 값하는 바임은 물론이오나 3·15 부정선거에 대한 책임도 또한 결코 면할 수 없는 것이며, 따라서 그 공과(功過)는 상쇄(相殺)가 불가능한 사실에 비추어 가급 조속히 진퇴(進退)를 영단(英斷)하심이 국민과 군의 진의(眞意)에 영합(迎合)되는 것이라 사료되옵니다.

현명한 상관은 부하의 성심(誠心)을 수락함에 인색하지 않을 것입니다. 각별한 은혜를 입은 부하로서 각하를 길이 받들려는 미충(微忠)에서 감히 진언드리는 충고를 경청하시어 성심에 답하는 재량(裁量) 있으시기를 복망(伏望)하옵니다.

외람되오나 각하와의 두터운 신의에 의지하여 이 글을 올리오니 두루 해량(海諒)하시와 본인으로서의 심사숙고된 성심을 참작하여 주시기 아뢰옵나이다.

031
/
정군운동과
5·16의 태동

박정희 소장이 송요찬 육군참모총장에게 퇴진을 요구하는 편지를 보낸 후인 1960년 5월 6일, 박정희의 조카사위인 김종필 중령이 부산으로 내려왔다. 두 사람은 정군(整軍)운동의 방향에 대해 논의했다.

5월 8일 김종필 중령 등 육사 8기 출신 장교 8명(김종필, 최준명, 김형욱, 길재호, 석창희, 신윤창, 옥창호, 오상균)이 정군을 주장하는 연판장을 작성했다. 송 총장은 방첩대에 조사를 지시했다. 김종필 중령 등 5명은 5월 17일, 18일 국가반란음모죄로 구속됐다. 송요찬은 육군 방첩대장 이소동 소장에게 지시해 김종필 등 5명의 장교들을 풀어주고 총장실로 데려오도록 했다. 이 자리에서 김종필은 송요찬에게 스스로 예편할 것을 강력히 촉구했다. 송요찬 총장은 이런 군내 정군 여론에 밀려 5월 19일 사표를 냈다. 김종필 등은 석방됐다.

6월 9일 열린 육군주요지휘관회의에서 박정희 소장은 김형일 2

군단장과 충돌했다. 소장 이상 장성들에 대한 숙군을 주장하는 박정희에 맞서 김형일은 "이런 식으로 하면 하극상이 만연되어 군은 자멸한다"고 주장했다. 7월 28일 박정희는 광주 1관구 사령관으로 좌천됐다.

김종필 등 정군파 장교들은 장면 정권이 출범한 후 장면 총리, 현석호 국방장관 등을 만나 숙군 건의를 해 보려 했지만 성공하지 못했다. 9월 10일 이들은 충무장이라는 음식점에 모여 '혁명'을 결의했다. 9월 하순 방한(訪韓)한 미국 국방부 군원국장 파머 장군은 한국군 내에서 일어나고 있는 정군 움직임에 대해 우려를 표명했다. 김종필 등은 파머의 발언이 최영희 연합참모본부 총장(합참의장)의 작용에 의한 것이라고 생각하고 최 총장을 찾아가 항의하다가 헌병대로 연행됐다. 김종필은 예편됐다. 이것이 '16인 하극상 사건'이다.

9월 10일 최경록 신임 육군참모총장은 박정희를 요직인 육군작전참모부장으로 불러 올렸다. 하지만 매그루더 유엔군사령관은 최총장에게 16인 하극상 사건 관련자들을 엄벌에 처하고 이들을 배후 조종한 박정희 장군을 예편시키라고 요구했다.

박정희와 김종필도 혁명을 향해 나가기 시작했다. 박정희 장군에 대한 예편 압박도 심해졌다. 이때 그를 구제해 준 것이 장도영 2군 사령관이었다. 1960년 12월 8일 박정희는 대구에 있는 2군 부사령관으로 부임했다.

032
/
시인 구상이 본
박정희

2군 부사령관으로 좌천된 후에도 박정희에 대한 압박은 계속됐다. 시인 구상은 이 무렵의 박정희 모습을 시집《모과 옹두리에도 사연이》에서 이렇게 적었다.

 귀로(歸路). 대구서 만난 장군 박정희는 이미 눈에 핏발이 서려 있었다. 내가 피정(避靜)의 여운으로 화제를 쇄락(洒落)으로 몰고 가도 "해치워야 해"를 주정 섞어 연발하면서 "편성숙숙야도하 효견천병옹대아(鞭聲肅肅夜渡河 曉見千兵擁大牙. 말채찍 소리도 고요히 밤을 타서 강을 건너니 새벽에 대장기를 에워싼 병사떼들을 보네)"란 일본 시음(詩吟)을 되풀이해 불렀다.

 40일 만에 돌아온 서울은 그야말로 북새판이었다. 4·19의 젊은이들은 몽둥이를 들고 의정단상을 점령하는가 하면 맨손 맨발로 휴전선을 넘어 북한마저 해방한다고 아우성이었다.

5·16 소식을 접한 구상은 박정희가 읊던 일본 시가를 떠올렸다. 구상이 박정희를 알게 된 것은 부산 정치파동의 와중에서였다. 국방부 기관지《승리일보》의 편집책임자이던 구상은 친구 이용문 장군의 사무실로 놀러갔다가 조그맣고 새카만 장교를 처음 봤다. 맹수처럼 날카로운 눈이 인상적이었다. 박정희 대령이었다. 이용문은 구상에게 박정희를 소개해 주면서 일본말로 "이 사람은 의리의 남아다"라고 했다. 세 사람은 술친구가 됐다.

구상은 박정희의 견식이 높은 데 놀랐다. '책을 손에서 떼지 않는 사람'이라는 인상을 받았다. 역사서를 많이 읽고 있었는데 월남흥망사에 대해 이야기할 때에는 상당히 깊은 이해를 하고 있다는 것을 알 수 있었다. 이용문이 죽은 후에도 두 사람은 자주 어울렸다. 그때마다 박정희는 일본 전국(戰國)시대를 묘사한 위의 시구를 읊조리곤 했다.

혁명 후인 5월 19일, 구상은 '기관총을 실은 장갑차가 마당에 놓인 어느 빈 호텔의 한 방'에서 혁명지도자 박정희와 마주 앉아 술잔을 기울였다. 후일 박정희가 죽었을 때 구상은 진혼축(鎭魂祝)을 지어 "국민으로서는 열여덟 해나 받든 지도자요 개인으로는 서른 해나 된 오랜 친구"의 명복을 빌었다.

033

/
한강다리

5월 15일 밤 11시경 박정희 소장은 신당동 집을 나와 혁명지휘소인 영등포 6관구 사령부로 향했다. 30사단에서 배신자가 발생하는 바람에 6관구 사령부에는 이미 장도영 육군참모총장의 지시를 받고 출동한 헌병들이 몰려와 있었다. 6관구 참모장이자 혁명주체 중 하나인 김재춘 대령이 혁명군 장교들과 헌병들 사이에서 곡예를 하면서 간신히 상황 악화를 막고 있었다. 이곳에서 박정희는 장도영 육군참모총장과 통화했다. 두 사람의 대화는 평행선을 달렸다.

박정희는 혁명군의 주력인 공수단과 해병대 병력을 찾아나섰다. 박정희는 염창교에서 김윤근 준장이 이끄는 해병1여단 병력과 만났다. 5월 16일 새벽 3시 30분쯤 해병여단의 선두인 제2중대가 한강 인도교로 진입했을 때, 김석률 대위가 이끄는 헌병대가 이들을 가로막았다. 김 대위는 이준섭 해병대위에게 "육군참모총장의 명령에 의해 어떤 부대의 통과도 허용할 수 없다"고 했다. 해병대와 헌병대 간에 총격전이 벌어지기 시작했다.

박정희도 차에서 내려 한강다리를 걸어서 건너기 시작했다. 상체도 숙이시 않고 걷는 박정희의 곁을 카빈 소총을 든 이석제 중령(총무처 장관, 감사원장 역임)이 따랐다. 총알이 두 사람 곁을 스쳤다. 1, 2차 저지선이 뚫렸다. 트럭 4대를 동원해 막은 3차 저지선에서 헌병들은 저항을 계속했다. 김윤근 준장이 달려왔다.

"또 다른 저지선이 있습니다. 날이 새기 전에 목표 점령은 어려울 것 같습니다."

"그대로 밀어 버리시오!"

박정희의 단호한 태도에 김윤근은 용기를 얻었다. 박정희는 해병대가 작전하는 것을 바라보면서 다리 난간에 기대어 담배를 피워 물었다. 이석제가 말했다

"각하, 일이 끝내 안 되면, 각하 바로 옆 말뚝은 제 것입니다."

박정희는 씩 웃으면서 말했다.

"사람의 목숨이 하나뿐인데, 그렇게 간단하게 죽어서야 쓰나?"

곁에 함께 있었던 한웅진 준장이 후일 "형님, 그때 강물을 바라보면서 무슨 생각을 했습니까"라고 물었더니, 박정희는 "가족들 얼굴이 강물에 떠오르더군"이라고 말했다고 한다.

이 순간 박정희의 결연한 태도가 흔들리던 장교들의 마음을 다 잡아 주었다고 당시 혁명군 장교들은 기억했다.

1961년 5월 18일 서울시청 앞에서
육사생도들의 혁명지지 시위를 지켜보는
박정희 소장.
박종규 소령(왼쪽)과 차지철 대위(오른쪽)가
양쪽에 서 있다.

034
/
혁명방송

한강다리를 돌파한 박정희 소장은 공수단 병력과 함께 남산 중앙
방송국(KBS)으로 달려갔다. 그날 새벽 3시 남산 중앙방송국 숙직
실에서는 박종세 아나운서가 눈을 떴다. 수위가 "아까부터 총소리
가 들린다"면서 그를 깨운 것이다. 얼마 후 헌병들이 방송국으로
들어왔다. 헌병장교는 "김포 방면에서 일부 군인들이 반란을 일으
켰는데 빨갱이인 듯하다"면서 지키러 왔다고 말했다.

4시20분경 돌연 헌병들이 사라졌다. 이어 요란한 총성과 함께 얼
룩무늬 전투복을 입은 공수부대원들이 몰려들었다. 숙직자들은 여
기저기 책상 밑으로 몸을 숨겼다. 한웅진 준장이 공수부대원들에
게 빨리 아나운서와 직원들을 찾아서 데리고 오라고 했다. 혁명공
약 인쇄물을 가져오기로 한 김종필 중령이 나타나지 않자 박정희
는 인사동 광명인쇄소로 갔다. 혁명공약을 받은 박정희는 김종필

과 함께 다시 방송국으로 향했다.

미리 방송국을 염탐해 두었던 김종필은 "박종세 아나운서 있소? 나오시오. 우리는 빨갱이가 아니오"라고 외쳤다. 김종필은 텔레타이프실에 숨어 있던 박종세를 찾아서 박정희 앞으로 데리고 갔다. 키가 작고 바싹 마른 사람이 앞으로 나섰다. 그는 "나, 박정희라고 하오"라며 손을 내밀었다. 박정희는 차분한 목소리로 말했다.

"지금 나라가 너무나 어지럽소. 학생들이 판문점에 가서 북한 학생들과 만나겠다고 하지를 않나, 국회는 매일같이 싸움만 하고, 이 나라가 어디로 가고 있는지 아무도 알 수 없는 상태가 되고 말았소. 그래서 누란(累卵)의 위기에 처한 나라를 구하기 위해 우리 군이 일어섰소. 오전 5시 정각에 이것을 방송해야겠소."

박정희가 내민 혁명공약을 재빨리 읽어 본 박종세는 공약 끝에 있는 '대한민국 만세! 궐기군 만세!'라는 구절을 보고 가슴을 쓸어내렸다.

박정희는 빗발치는 총탄을 뚫고 한강다리를 건너온 참이었다. 혁명의 향방이 어떻게 될지 모르는 긴박한 상황이었다. 그런데도 박정희는 혁명군에게 잡혀 온 아나운서에게 권총을 대고 윽박지르는 대신 짧은 시간이지만 혁명의 대의를 설명하려 했다. 그런 긴박한 상황에서도 박정희는 천생 '교사'였다.

035

/

양말을 빠는
최고 권력자

박정희는 질박(質朴)한 인간이었다. 혁명으로 최고 권력자가 된 후에도 이 점은 변하지 않았다. 박정희의 대구사범학교 시절 단짝이었던 김병희(金炳熙) 한양대 문리대학장은 혁명 후 최고회의 학생문제담당 상임자문위원을 맡았다. 그는 회고록에 이렇게 썼다.

> 내가 의장실에 처음 들어갔을 때의 첫인상은 그 방이 어쩌면 그렇게도 초라할 수 있을까 하는 것이었다. 마치 야전사령관이 있는 천막 속을 방불케 하였다. 특히 그가 앉은 의자는 길가에서 구두 닦는 아이들 앞에 놓인 나무의자와 조금도 다를 바가 없었다. 게다가 그가 피우는 담배는 국산 '아리랑'이었다. 당시에 내가 피우던 담배는 국산으로는 최고급품인 '청자'였고 때로는 선물로 받은 양담배였다.
> 하루는 그 방에 들어갔더니 마침 점심을 먹고 있는데 10원짜리 냄비

우동 한 사발과 노랑 무 서너 조각이 전부였다. 나는 친구들과 어울려 10원짜리 우동을 50그릇이나 살 수 있는 500원짜리 고급식사를 마치고 온 터라 몹시 양심의 가책을 받았다.

육사 11기 출신으로 당시 박정희의 경호원이 된 이상훈(전 국방부 장관) 대위는 광주에서 열린 혁명지지대회에 참석한 박정희 의장을 수행해 작은 호텔에 투숙하게 됐다. 한밤중에 이 대위가 호텔 문앞에서 경비를 서고 있는데 화장실에서 인기척이 들렸다. 이 대위가 가 보니 박정희가 양말을 빨아 줄에 널고 있었다. 이 대위에게 들킨 박정희는 멋쩍은 표정을 지었다.

이용문의 친형 이용운 전 해군참모총장은 5·16 직후 비리 혐의로 구속되었다. 이용문 장군의 미망인은 아들 이건개(전 대전고검장)와 함께 혁명 직후 박정희 부의장을 찾아갔다. 이건개는 "그분의 얼굴에서부터 무릎까지 장풍(掌風) 같은 것이 일종의 막처럼 덮고 있었다"고 회고했다. 박정희는 "애국충정에서 나라의 기강을 바로잡아야겠다는 일념으로 이용문 장군과 논의하던 대로 목숨을 걸고 혁명한 것"이라고 말했다. 미망인이 "건개 아버지 생존 시에 누차 강조하시던 말씀을 잘 알고 있습니다"라고 말했다. 이용문에 대한 말이 나오는 순간 박정희는 옛날 생각이 났는지 무서운 표정을 풀었다.

지방순시 도중 촌로에게 담배를 권하는 박정희 최고회의 의장.
그는 권력을 잡은 후에도 소박함을 유지했다.

036
/
박정희와
이병철

국가재건최고회의는 1961년 5월 28일 부정축재자처리위원회 명단을 발표하고, 우리나라 10대 기업인을 구속했다. 당시 일본에 체류 중이던 이병철(李秉喆) 삼성 회장은 6월 26일 밤 귀국, 다음날 아침 박정희 최고회의 부의장을 만났다.

"어떤 이야길 해도 좋으니 기탄없이 말해 달라"는 박정희에게 이병철은 "부정축재자로 지칭되는 기업인에게는 사실 아무 죄도 없다고 생각합니다"라고 말했다. 일순간 박정희의 얼굴이 굳어졌다. 이병철은 말했다.

"나의 경우만 하더라도 탈세를 했다고 부정축재자로 지목되었습니다. 그러나 현행 세법은 수익을 훨씬 넘는 세금을 징수할 수 있도록 규정되어 있는 전시(戰時)비상사태하의 세제 그대로입니다. 이런 세법하에서 세율 그대로 세금을 납부한 기업은 아마 도산을 면치 못했을 것입니다. 만일 도산을 모면한 기업이 있다면 그것은 기적입니다."

박정희가 "그러면 어떻게 하면 좋겠느냐?"고 물었다. 이병철은 이렇게 대답했다.

"기업하는 사람의 본분은 많은 사업을 일으켜 많은 사람에게 일 자리를 제공하면서 그 생계를 보장해 주는 한편, 세금을 납부하여 그 예산으로 국도방위는 물론이고 정부 운용, 도로 항만 시설 등 국가 운영을 뒷받침하는 데 있다고 생각합니다. 이른바 부정축재 자를 처벌한다면 그 결과는 경제위축으로 나타날 것입니다. 이렇 게 되면 당장 세수(稅收)가 줄어 국가 운영이 타격 받을 것입니다. 오히려 경제인들에게 경제건설의 일익을 담당하게 하는 것이 국가 에 이익이 될 줄 압니다."

이병철과의 만남이 끝난 후 박정희는 부정축재자 처리를 맡고 있던 최고회의 법사위원장 이석제를 불렀다. 박정희는 "경제인들 은 이제 그만했으면 정신 차렸을 테니 풀어 주자"고 했다. 반대하 는 이석제에게 박정희는 이렇게 말했다.

"이 사람아. 이제부터 우리가 권력을 잡았으면 국민을 배불리 먹 여 살려야 할 것 아닌가. 우리가 이북만도 못한 경제력을 가지고 어 떻게 할 작정인가. 그래도 드럼통 두드려서 다른 거라도 만들어 본 사람들이 그 사람들 아닌가. 그만치 정신 차리게 했으면 되었으니 이제부터는 국가의 경제부흥에 그 사람들이 일 좀 하도록 써먹자."

037

/

혁명 후
첫 기자회견

박정희 국가재건최고회의 부의장은 혁명이 일어난 지 18일 후인 1961년 6월 3일 대구《매일신문》 정경원 기자와 단독 기자회견을 가졌다. 5월 23일 외신기자들과의 회견을 제외하면 혁명 후 최초의 신문 인터뷰였다.

기자 : 오늘은 동향(同鄕) 선배를 대하는 마음에서 좀 터놓고 이야기하고 싶습니다. 대구 청수원(淸水園) 아주머니의 안부도 전해 드리고요.

박정희 : 좋습니다. 청수원 아주머니한테는 신세도 많이 졌는데 편지라도 한 장 해 주어야겠는데 …. 또 취재하러 왔소? 나는 고향 친구라기에 이야기나 좀 하고 싶었는데.

기자 : 박 장군이 군사혁명을 결심한 동기는?

박정희 : 과거 25년간의 군인 생활을 통해서 나는 누구보담도 군이 정치

에 간여해서는 안 된다고 주장해 왔습니다. 그런데 기성 정치인들에게 정치를 맡겨 놓으니까 꼭 망할 것만 같았어요. 아, 그래, 국가 민족이 망해 가는 판에 군이라고 정치에 불관여한다는 원칙만을 고집할 수 있겠소? 그래서 최후 수단을 쓴 것뿐입니다. (중략)

기자 : 박 장군의 가정환경을 좀 ….

박정희 : 신당동에 집 한 칸 있는데 처하고 열 살, 일곱 살 나는 기집애 둘, 네 살찌리 머슴애 하나뿐입니다. 재혼해서 모다 어리지요. 허. (박 장군은 처음으로 웃었다) (중략)

기자 : 실례가 되면 양해해 주십시오. 항간에선 박 장군을 아주 냉혹한 군인으로 알고 있는데 ….

박정희 : 허, 그건 너무한데요. 사귀어 보이소. 그렇게 냉정한 사람은 아닐 겁니다. 하기야 나는 5·16 이전에 많은 사회단체와 사회인들과 접촉해 보았지만 다 그렇다는 건 아니지만, 그들은 거의 도둑질, 협박 같은 얘기에만 열심이었어요. 그래서 나는 되도록 그들과 절연(絶緣)하게 되었지요. 청탁, 부탁 같은 것을 이 사회에서 없애자는 게 내 신념이고, 인간혁명이란 말도 있는데, 요새는 나한테 부탁 오는 사람이 있으니 곤란합니다. 아직도 정신이 덜 난 모양이지요?

기자 : 박 장군의 취미는?

박정희 : 영화는 그다지 좋아하지 않습니다. 사색하거나 사서(史書) 읽는 걸 좋아합니다. 어떤 책을 좋아하냐고요? 각국의 혁명사를 좀 읽었는데, 그것도 역사 서적에 들어가나요? (후략)

038

/

주한 미국대사의
보고서

1961년 10월 28일 새뮤얼 버거 주한 미국대사는 국무부에 한국 정세에 대한 보고서를 타전했다. 여기서 버거 대사는 군사정부에 대해 극찬했다.

군사정권이 들어선 지 다섯 달이 되었다. 이 정권은 권위적이고 군사적인 면에서 대외적인 인상이 다소 나쁜 면이 있긴 하지만, 정열적이고 성실하며 상상력과 의지력으로 꽉 차 있다. 이 정권은 일반 국민들로부터는 적극적인 지지를 얻지 못하고 있고 대중적 지지기반도 없지만 진정한 의미의 '위로부터의 혁명'을 시작하여 전면적이고 본질적인 개혁을 하고 있다. 전(前) 정부하에서 토의되었거나 구상되었던 개혁 프로젝트들 – 은행 신용정책, 무역, 실업자들을 위한 공공공사의 확충, 탈세 대책, 농업과 노조 대책, 교육 및 행정 부문, 복지 등이 실천되고 있다.

몇몇 개혁들은 뜻은 좋았지만 너무 급히 서두르는 바람에 잘 진행되지 않고 있다. 혁명정부는 그런 잘못을 반성하고 수정하려는 자세를 보이고 있다. 매점매석 행위, 뇌물, 정경유착, 밀수, 군사물자 횡류(橫流), 깡패·경찰과 기자들의 공갈 행위에 대한 군사정부의 단속은 이미 효과를 내고 있다. (중략)

군인 출신 장관들은 행정을 유능하고 효율적으로 지휘함으로써 우리들에게 큰 감동을 주고 있다. 피로로 인하여 쓰러지는 사람들이 많아 문제이다. 송요찬 내각수반은 근 한 달간 건강이 좋지 않았다. 가장 유능한 장관 중의 한 사람인 정래혁 상공부 장관은 내각회의 중 쓰러졌다가 2주간의 휴식을 끝내고 현업에 복귀했다. (중략) 박정희 의장도 과로 상태이다. (중략)

대다수 국민들의 태도는 방관자적이다. 이런 태도는 비관적인 태도와 구별되지 않는데 그 이유는 한국 사람들이, 특히 지배층이 장기간에 걸쳐서 유능할 수는 없을 것이라는 뿌리 깊은 자신감의 결여 때문이다. (중략)

최고회의 안에서 고질적인 분파주의가 생기고 있다는 증거도 있다. 부정부패가 상부층에서 다시 나타나고 있다는 조짐도 보인다. (중략) 박 의장에게 많은 것이 달려 있다. 그는 가장 냉정하고 믿음직하며 안정되어 있는 지도자이기 때문이다.

039
/
박정희와
케네디

박정희 국가재건최고회의 의장은 1961년 11월 13~17일 미국을 방문했다. 11월 14일 오후 박정희는 존 F. 케네디 미국 대통령과 1시간20분에 걸쳐 정상회담을 가졌다.

케네디 : (전략) 본인은 어떻게 하면 월남의 붕괴를 막을 수 있을지 걱정이 많습니다. 최후의 수단은 물론 미군 병력을 투입하는 것입니다만 진정한 해결책은 월남인 스스로가 외국 원조에 의존함이 없이 문제를 해결하는 것이지요. 월남은 단순히 미국만의 문제가 아닙니다. 박 의장께서는 어떻게 생각하십니까?

박정희 : 러스크 국무장관과 해밀턴 국제개발처장에게도 언급한 적이 있습니다만, 미국이 너무 혼자서 많은 부담을 지고 있다고 생각합니다. 자유세계의 각국들은 각자가 할 수 있는 부담을 나누어 져야 자유세계

전체의 짐이 증강될 것이라고 믿습니다. 우리가 한일 국교정상화의 중요성을 강조하는 것도 그 때문입니다. 반공국가로서 한국은 극동의 안보에 최선을 다해 기여하고 싶습니다. 월맹은 잘 훈련된 게릴라 부대를 갖고 있습니다. 한국은 월남식의 전쟁을 위해서 잘 훈련된 100만의 장정들을 보유하고 있습니다. 미국이 승인하고 지원한다면 한국정부는 월남에 이런 부대를 파견할 용의가 있고, 정규군이 바람직하지 않다면 지원군을 모집할 수도 있습니다. 이런 조치는 자유세계가 단결되어 있음을 과시하게 될 것입니다. 출국하기 전에 이 문제를 가지고 한국군 지휘관들과도 토의했습니다.(후략)

케네디 : 참으로 감사한 말씀입니다. 미국은 베를린 장벽으로부터 시작해서 지구 전체의 짐을 지고 있습니다. 본인은 맥나마라 장관과 이야기를 해 보겠습니다. (후략)

박정희의 제안에 기분이 좋았는지, 케네디는 박정희와 예정에 없던 정상회담을 한 번 더 가졌다. 이 자리에서 박정희는 "경제개혁과 재건에 대한 지원"을 요청했다. 케네디는 의회로부터 충분한 예산을 확보하지 못했다고 설명하면서 즉답을 피했다. 이에 대해 박정희는 이렇게 말했다. "자유세계 개발도상국가들의 자립이 가장 중요하다는 본인의 소신을 거듭 천명하려고 합니다. 원조를 할 때도 최단시간 내에 최대한의 성과를 올릴 수 있는 나라를 중점적으로 지원해야 한다고 생각합니다."

1961년 11월 미국을 방문한 박정희는 케네디 대통령과의 정상회담에서
한국군의 월남파병을 제안했다.

040

/
민정 이양이냐,
군정 연장이냐

5·16 혁명공약 제6항은 '이와 같은 우리의 과업이 성취되면 참신하고도 양심적인 정치인들에게 언제든지 정권을 이양하고 우리들은 본연의 임무에 복귀할 준비를 갖춘다'고 선언했다. 1963년 2월 27일 서울시민회관에서는 박정희 국가재건최고회의 의장과 민간 정치인이 모여 선서식을 했다. 2월 28일 박정희가 민정 불참 조건으로 제시했던 '정치보복 금지' '혁명정신 계승' 등을 민간 정치인들이 받아들인다는 것을 다짐하는 자리였다. 이후 민간 정치인들은 군사정권이 사실상 끝난 것으로 여기는 듯한 언행을 일삼았다. 군부에 대한 박정희의 장악력이 떨어지는 것이 아닌가 하는 조짐도 나타났다.

이때 박정희에게 힘을 실어 준 사람이 민기식 1군사령관이었다. 3월 6일 원주의 1군사령부를 방문한 박정희를 위해 민기식은 "이임 사나 하시라"면서 중령 이상 장교들을 연병장에 집합시켰다. 이 자리에서 박정희는 이렇게 말했다.

"군이 정치에 간여하지 않을 뿐만 아니라 정치인들도 군에 간섭하지 않아야 군이 엄정한 중립을 유지할 수 있습니다. 과거에 일부 군 장교 중에 지각없는 장교들이 정치인들을 따라다니면서 추파를 던지고 개인의 출세와 영달을 위해 군인답지 못한 행동을 한 것은 군의 명예를 손상시킨 행위였습니다."

"요 얼마 전에 외국 인사가 다음과 같은 질문을 본인에게 한 바가 있습니다. '의장은 그들에게 모든 것을 믿고 모든 것을 맡기고 모든 것을 양보했는데, 만일 그 사람들이 이번에 국민들에게 약속한 선서를 그들이 이행하지 않아 정치적인 위기가 도래한다면 의장은 방관만 하고 모른 체하고 있겠느냐'고 물었습니다. 본인은 여기에 대해서 이런 해답을 한 적이 있습니다. '불행하게도 그러한 사태가 도래했을 때 이 나라는 몇몇 정신 차리지 못한 정치인들을 위해 있는 나라가 아니며 하물며 그들이 장난을 치기 위한 장난판이 아닙니다.' 나는 그 외국 인사에게 반문했습니다. '당신은 그런 경우에 이것을 못 본 체하는 것이 애국적인 행동인가, 방관하지 않는 것이 애국적인 행동인가' 하고. 거기에 대해서는 더 이상 답을 하지 않았습니다."

이후 박정희는 군복을 벗고 민정에 참여하는 수순을 밟아 간다.

041

/

박정희 대장의
전역사

1963년 8월 30일 오전 박정희 대장은 강원도 철원군 제5군단 비행장 내에서 전역식(轉役式)을 가졌다. 박 의장은 "오늘 본인은 나의 무상한 반생(半生)을 함께 지녀온 군복을 벗을까 한다"고 전역사(轉役辭)의 운을 뗐지만, 연설 도중 목이 메어 헛기침을 여러 차례 했다.

박 의장은 전역사에서 국가를 중심가치로 한 군인의 사생관(死生觀)을 밝힌다. 이 대목은 그의 다른 연설에서 찾아볼 수 없는 국가주의자로서의 진면목을 보여준다.

인간 생존의 권리가 국가라는 생활권 속에서 보장되기 위하여는 또 다른 생명의 성스러운 희생이 요청되는 것입니다. 군인의 길은 바로 여기에 귀일(歸一)된다고 할 수 있겠습니다. 군인의 거룩한 죽음 위에 존

립할 수 있는 국가란, 오직 정의와 진리 속에 인간의 제(諸)권리가 보장
될 때에만 가치로서 긍정되는 것입니다. 국가가 가치구현이란 문제 이
전으로 돌아가 그 자체가 파멸에 직면했을 경우를 상도할 때, 거기에
혁명의 불가피성을 부정할 수 없을 것입니다. 5월 혁명은 상극과 파쟁,
낭비와 혼란, 무위(無爲)와 부실(不實)의 유산을 조상과 선대(先代)로
부터 물려받은 우리들 불운(不運)의 세대가 이 오염된 민족사에 종지부
를 찍고 자주와 자립으로 번영된 내일의 조국을 건설하려는 것이 우리
혁명의 궁극적 지표인 것입니다.

연설의 마지막, 박정희 의장은 그의 역대 연설 중 가장 유명한 말
을 남긴다.

오늘 병영(兵營)을 물러가는 이 군인을 키워 주신 선배, 전우 여러분,
그리고 군사혁명의 2년 동안 '혁명하(革命下)'라는 불편 속에서도 참고
편달 협조해 주신 국민 여러분에게 감사를 드리며 다음의 한 구절로써
전역의 인사로 대신할까 합니다.
"다시는 이 나라에 본인과 같은 불운한 군인이 없도록 합시다."

이날 박의장은 서울역 앞 공화당사를 방문해 입당 수속을 끝냈
다. 그는 굳은 표정이었고 말이 없었다.

전역식에서 박정희 대장은 '이 땅에 다시는 나와 같은 불운한 군인이 없기를' 기원했다.

박정희 대장은 전역사를 마친 후 축하 케이크를 자르면서 눈물을 흘렸다.

042

/

고운 손은
우리의 적이다

1963년 여름, 박정희는 박상길(朴相吉·청와대 대변인, 수협회장 역임)이 대필(代筆)한《국가와 혁명과 나》의 원고를 작가 김팔봉(金八峰)에게 전달해 감수(監修)를 받아 본 뒤 박(朴)씨에게 돌려주면서 이렇게 말하더란 것이다.

"퍽 좋습니다. 다만 원고 중에 내가 표시한 두 페이지만 삭제해주십시오. 어쩌면 꼭 제 마음속을 다녀오신 것처럼 정확하게 써 주셨습니까. 큰 수고를 했습니다."

1963년 9월 1일자로 출판된 이 책은 4×6배판 293페이지에 고급 장정(裝幀) 5000부, 보급판 5000부를 인쇄했다. 박정희는 선거를 앞두고 자신의 정치철학과 국가 근대화에 대한 소신을 밝히고 싶었던 것이다. 박정희의 생각을 가장 정확하게 기록한 것으로 평가받는 이 책은 지금도 자주 인용된다. 이 책에는 국가원수의 글로서는 너무 진솔한 표현들이 많이 등장한다.

　땀을 흘려라 / 돌아가는 기계소리를 / 노래로 듣고 … / 이등 객차에 / 불란서 시집을 읽는 / 소녀야 / 나는, 고운 / 네 손이 밉더라.
　우리는 일을 하여야 한다. 고운 손으로는 살 수 없다. 고운 손아, 너로 말미암아 우리는 그만큼 못살게 되었고 빼앗기고 살아왔다. 소녀의 손이 고운 것은 미울 리 없겠지만 전체 국민의 1% 내외의 저 특권 지배층의 손을 보았는가. 고운 손은 우리의 적이다.

　위의 시(詩)는 박정희의 자작(自作)이 아니고 다른 누군가의 시를 인용한 것이라고 한다. 노동운동가의 시 같은 느낌이 들 정도다. 박정희의 국가 근대화는 그의 이런 반골(反骨)정신에 기반을 둔 건설이었기 때문에 대기업 위주의 경제발전 전략을 추진하면서도 농민·노동자·소외층에 대해서도 신경을 썼다고 보는 사람들이 많다.
　박정희가《국가와 혁명과 나》에서 가장 역점(力點)을 두어 비판한 것은 민주주의를 실천으로써가 아닌 구호로써만 외치는 구(舊)정치인들의 위선성(僞善性)이었다.

제4부

근대화

043
/
1963년
대통령 선거

1963년 10월 대통령 선거는 공화당 박정희 후보 대 민정당 윤보선 (尹潽善) 후보의 대결로 압축됐다. 10월 6일 대구 유세에서 박정희 후보는 고향에 돌아온 안도감 때문인지 상당히 고무된 기분으로 공격적인 유세에 나섰다.

나는 아무리 미국과 우리하고 관계가 그렇다 하더라도 이러한 거지 구걸하는 원조는 받을 수 없다, 이겁니다. (박수) 우리가 우리 스스로 우리의 경제를 재건할 수 있는 계획을 딱 세워 놓고, 미국 사람들에게 원조를 받을 때에는 우리에겐 이런 걸 원조해 주시오, 이런 걸 좀 해 달라, 그리고 소비물자만 주지 말고 건설자재를 좀 달라, 먹고 당장 없어지는 것보다는 시멘트 한 포대라도 더 달라, 그런 걸 우리가 사전에 계획을 딱 지어 놓고 미국 사람들과 협조를 해서 우리한테 꼭 필요한 것을 받자 이겁니다.

미국 시민들이 우리를 도와주기 위해서 세금을 모아서 도와주는 게
이 원조이기 때문에, 우리는 이것을 규모 있게, 계획적으로 효과 있게 잘
써야 되겠다, 이겁니다. 그래야만 미국 사람들도 우리한테 도와준 보람
이 있을 것이고, 우리도 또 우방국가로서 원조를 받아서 뒤에 무엇이 남
아야 그 은혜에 대해 보답할 수 있는 그런 길이 되는 것이지, 주면 똑 한
강물에 돌 집어 넣듯이 어디로 들어갔는지 전혀 모르는 이런 식 원조,
모래사장에 물 붓는 것과 마찬가지로 주면 없어지고, 주면 없어지고 ….
과거에 우리 구정치인들이 미국에서 수십억 불의 원조를 받아다가 어디
다 썼습니까. 얻어 올 적에는 그런 거지 식으로 얻어 와서, 가져와서 돌
아올 때는 국민들에게 노나(나눠) 준다 그러고, 돌아온 뒤에는 저그들
끼리 쏙쏙 노나(나눠) 묵꼬, 뭐가 남아 있습니까? (와-하는 웃음과 박수)

1963년 박정희 대통령 후보의 연설은 기교가 없고 투박했다. 선
동과 우스갯소리가 없었다. 박정희는 또 대중 앞에 나타나 연설하
는 것이 뭔가 어색한 듯 몸에 맞지 않았을 뿐 아니라 수줍어하는 표
정이었다. 그러나 차분하고 깐깐한 박정희의 연설은 당시의 청중이
아니라 역사를 향한, 미래를 향한 웅변이었다.

1964년 11월 개천예술제 참석차
경남 진주에 내려간 박정희-육영수 부부는
대구사범 동문인 김여원씨 집에 묵었다.
깔끔하게 차려입은 박 대통령의 양복과
맵시 넘치는 육 여사의 양장이 잘 어울린다.

044
/
노인의
예언

1963년 10월 7일 진주 유세부터 박정희 후보는 검은색이 옅게 깔린 안경을 쓰고 연단에 올랐다. 박정희 후보가 연단에서 인사를 하고 막 연설을 시작하려는 순간, 청중 속의 한 노인이 손나팔을 만들어 고함을 쳤다.

"그, 박 의장요! 안경 좀 벗어 보소. 관상 좀 봅시더."

박정희 후보는 그 노인을 향해 "아, 그래요? 내 벗지요"라며 안경을 벗었다. 얼굴엔 불쾌한 빛이 역력했다. 박 후보의 연설이 끝나자 고함쳐 안경을 벗게 만든 노인이 다시 한 번 큰 소리로 고함을 쳤다.

"아, 그 관상 보이 대통령 되겠다."

이 말에 박정희의 얼굴엔 짧은 미소가 돌았다고 한다. 유세 요원인 이만섭(李萬燮·국회의장 역임)은 "옛날 같으면 상상도 못할 일인데⋯. 참, 민주주의가 좋기는 좋다"라고 혼잣말을 했다.

진주 유세에서 박정희 후보는 임진왜란 당시의 진주성 싸움과 6·25전쟁을 예로 들면서 예나 지금이나 나라를 지킨 것은 군인과 백성이요, 나라를 망친 것은 벼슬아치와 구정치인이었다고 비판했다.

박정희 후보는 또 그러한 위선적·사대적 정치인이 주장하는 민주주의는 서구에는 맞지만 한국의 토양에는 맞지 않는 '탱자 민주주의'라고 야유도 했다.

"여러분, 이 책상 위에, 마침 이걸 누가 갖다 놨는지 모르겠지만, 이게 아마 탱자일 겁니다. ('유잡니다, 유자!'라고 관중석에서 외치자) 유잡니까? 아, 잘 몰랐습니다. 우리나라에 탱자라고 있지요? 어느 식물학자가 몇 년 전에 일본에서 밀감나무를 이식해다가 자기 집에 심어 가지고 잘 가꾸어서 키워 놨는데, 몇 년 지나고 난 뒤에 열매가 열렸다 이겁니다. 노란 게 열렸는데 따 보니까 이것은 밀감이 아니고 탱자가 열렸더라 이겁니다. 민주주의도 마찬가지입니다. 외국에선 그것이 아무리 좋은 민주주의라도, 서구 제국에선 가장 알맞은 그런 제도였을지 모르지만, 그것을 우리나라에 갖다가 완전히 밀감을 만들기 위해서는 여러 가지 여건을 잘 만들어 줘서 어느 시기에 가서 접목을 시켜서 이것이 완전히 우리나라에서 밀감이 될 수 있도록 해야 되는 것이지, 그냥 갖다 여기다 꽂아 놓는 것은 민주주의가 되지 않고 탱자 민주주의가 된다 이겁니다. (박수)"

045
/
내가 왜
공산주의자요?

1963년 10월 12일 오후 7시 무렵,《동아일보》김성열(金聖悅·동아
일보 사장 역임) 정치부장과 유혁인(柳赫仁·청와대 정무수석비서관 역
임) 기자는 장충동 의장 공관에서 이후락(李厚洛) 최고회의 공보실
장이 배석한 가운데 박정희 후보를 만났다.

  유세장에서 돌아온 양복 차림의 박정희는 의자에 앉자마자 김성
열 정치부장을 향해 "내가 왜 빨갱이냐"며 날카롭게 쏘아붙였다.

  박정희는 답을 기다리지 않고 "왜 내가 공산주의자라고 신문에
서 보도하느냐"고 다그쳤다. 어느 새 박 의장의 손에는 담배가 들
려 있었고, 김 부장도 담배를 피우기 시작했다. 김 부장이 "선거기
간 중에는 후보들의 주장이나 말 그 자체가 뉴스"라며 "박 의장께
서 유세장에서 하신 말씀도 여과 없이 보도했다"고 하자 박 의장의
손이 담배와 함께 덜덜 떨리고 있었다. 화가 나면 나타나는 증상이

었다.

이때 춘천 유세에 연사(演士)로 참석했다가 돌아온 이만섭 전 《동아일보》 기자가 방으로 들어왔다. 박 의장은 이만섭을 보자 원군을 만난 듯 언성을 높였다.

"그렇다고 나를 공산주의로 몰아?" 박 의장은 벌떡 일어나더니 자개 재떨이를 집어들어 마룻바닥에 쾅하고 팽개쳤다. 박 의장은 방을 나가 버렸다.

안절부절못하는 이후락의 안내를 받아 김 부장은 응접실과 붙어 있는 침실로 향했다. 박정희와 육영수가 서 있었다. 김 부장이 박정희에게 "저는 그만 가 보겠습니다"라고 인사하니, 박 의장은 다가와 말없이 손을 쑥 내밀었다. 한복 차림의 육영수는 거의 90도로 허리를 굽히면서 인사했다.

김 부장은 속으로 '이렇게 얌전한 부인이 박 의장 같이 성미 급한 남자를 만나 모진 고생을 하겠구나'라고 생각했다. 옆에 있던 박 의장이 다시 고함을 치다시피 했다. "내가 형 한 사람 때문에 두고두고 공산당으로 몰리는데, 내가 왜 공산주의자요?" 박정희는 분노로 온몸을 부들부들 떨고 있었다. 제5대 대통령 선거에서 박정희 후보의 사상문제를 제기했던 야당 측의 공세에 대해 박정희는 "정적(政敵)을 빨갱이로 모는 이 폐풍만은 이 기회에 뿌리를 뽑아야 한다"며 단호하게 대응했다.

046
/
금의환향

1963년 10월 15일 오전, 투표를 마친 박정희 부부는 이후락 최고회의 공보실장, 박종규(朴鍾圭) 경호대장 등과 두 대의 승용차 편으로 경주로 달렸다. 일행은 민족사의 영광이 서린 불국사 근처 경주 불국사관광호텔에서 국민의 심판을 기다렸다.

개표 직전까지 박정희의 낙승(樂勝)을 의심하는 사람들은 많지 않았으나 초저녁 투표함의 뚜껑이 열리면서 이변이 연출됐다. 10월 16일 새벽 3시 현재 윤보선이 서울 경기 강원 충북 충남에서 박정희를 크게 앞서자 서울역 앞 에비슨회관 안에 있던 공화당사는 공황상태에 빠졌다.

10월 16일 오후가 되면서 박정희 후보의 신승(辛勝)이란 전망이 나오기 시작했다. 박정희의 한 수행 측근은 "10월 16일 새벽을 넘기는 일은 5·16 새벽 한강을 넘어서는 일보다 더 어려웠고 지루했다"고 말했다.

중앙선관위는 17일 오후 3시에 전국 개표를 모두 끝냈다. 박정희는 470만2640표를 얻어 454만6614표를 얻은 윤보선을 15만6026표 차이로 눌러 제5대 대통령에 당선됐다.

경주에서 대통령 당선을 확인한 박정희는 10월 17일 밤을 대구에서 보낸 뒤 승용차 편으로 고향인 경북 선산으로 향했다. 구미읍 상모동에서 차를 내린 박정희 의장은 금오산 기슭 온수(溫水)골 마루턱에 자리 잡은 선영(先塋)으로 올라갔다. 길가에 늘어선 주민들에게 박 의장은 "어떻게 알고들 나왔습니까. 이제는 얼굴을 통 몰라보겠군요"라면서 일일이 손을 잡고 인사를 했다. 한 아낙네는 "선산에 인물이 났네"라고 소리를 질렀고, 한 할머니는 "임금이 왕림하신다는 말을 듣고 이웃에서 왔습니다"라면서 허리를 깊게 굽혔다.

생가(生家)로 돌아오니 전형적인 농사꾼 모습의 큰형 박동희(朴東熙) 옹이 기다리고 있다가 대통령이 된 동생의 절을 받았다.

"형님, 왜 그렇게 늙으셨습니까."

"나이를 먹으니 늙을 수밖에. 그런데 이번 선거를 보니 농촌사람들은 정치를 잘한다고 하는데 도시에서는 반대가 많아. 월급 가지고는 쌀값이 비싸 살기가 어려운 모양이지."

"앞으로 힘껏 일해 보겠습니다."

형제가 근 한 시간 대화를 나누는 사이 박 의장의 생가는 마을 사람들이 몰려와 막걸리 파티장으로 변했다.

047
/
박정희와
장준하

한일 국교정상화 회담에 대한 학생과 야당 세력의 반대운동이 격화되는 가운데 박정희 대통령은 1964년 4월 14일 밤 진해 별장으로 김종필 의장을 불러 시국수습책을 논의했다. 이날 국회 특별조사위원회는 박정희 정권이 일본에서 1억3000만 달러의 자금을 받아 선거에 썼다고 주장한 김준연(金俊淵·자민당) 의원을 불러 조사했다. 김 의원은 "장택상(자유당 시절 국무총리 역임)씨로부터 그런 정보를 들었다"고 했다. 장씨는 이에 대해 "그런 풍설의 진가(眞假)를 밝혀야 한다고 주장한 것일 뿐, 단정을 한 것도 증거를 갖고 있는 것도 아니다"라고 했다. 김준연의 거짓말을 대서특필했던 어느 신문도 그를 제대로 비판하지 않았다. 박정희는 언론을 '정부에는 가혹하고 야당과 학생에게 아부하는 존재'로 보기 시작했다.

1964년 5월 25일 박 대통령은 호남지역 시찰 중 기자들의 서면 질문에 답변하면서 이런 표현을 했다.

　　이러한 정국의 불안은 근본적으로 일부 정치인들의 무궤도한 언동, 일부 언론의 무책임한 선동, 일부 학생들의 불법적 행동, 그리고 정부의 지나친 관용에 연유됐다고 본다.

　대다수 신문들은 언론을 건드린 대통령에게 거세게 반발했다. 《조선일보》 5월 26일 자는 '정국불안은 과연 선동 때문인가— 일부 언론의 책임을 따져본다'는 지상토론 기획을 마련했다. 특히 《사상계》 장준하(張俊河) 사장은 요사이 신문에도 싣기 어려울 정도의 격렬한 대통령 비판을 실었다.

　　대통령 박정희씨! 당신들과 정사(情事)를 할 것 같던 한국 언론은 소용돌이치는 국민의 원성과 압력에 못 이겨 이제 깊은 악몽에서 깨어난 것입니다.
　　여보시오, 접대부의 치맛자락 같은 붓글을 휘둘러 가며 당신을 도와, 당신을 대통령으로 만든 것이 한국의 언론 아니겠소. 고마운 줄이나 아시오! 그 청렴하다고 소문이 높던, 그 강직하다고 정평(定評)이 있던, 그 육군소장 박정희씨라면 오늘의 이 사태를 정시(正視)하며 무엇을 할 수 있으리라고 생각해 본 일이 있는가요. 슬픕니다. 오늘에 그때 당신 같은 용기를 가진 그런 사나이가 없음이 ….

048

/

신문은 국민을
너무 자극한다

박정희 대통령은 노석찬(盧錫瓚) 공보차관의 발표를 통해 1964년
6월 3일 오후 8시를 기해 서울시 일원에 비상계엄령을 선포하고,
계엄사령관에 민기식(閔機植) 육군참모총장을 임명했다. 계엄령 선
포로 박정희는 취임 이후 다섯 달 동안 수세로 몰리던 상황을 일거
에 반전시키고 야당·언론·학생들을 압박할 수 있는 주도권을 쥐
게 됐다.

　박 대통령은 6월 26일 오전 계엄하의 국회에 나와 '시국수습에
관한 교서'를 발표했다. 회색 재건복에 색이 옅게 깔린 안경을 쓴
박 대통령은 30여 분간 연설문을 읽어 내려갔다. 박 대통령은 "때
로는 의욕의 과잉으로 무리한 시책을 시행한 나머지 다소간 민심
과 유리된 바도 없지 않아 있었고, 경험의 미흡으로 뜻 아닌 결과를
초래한 것도 있다"며 겸손하고 솔직하게 자신의 과오를 인정하는

말로 연설을 시작했다.

박 대통령은 학생들의 시위를 비판하며 동시에 언론을 맹공(猛攻)했다.

언론이 없는 시간부터 세상은 암흑천지가 되는 것도 사실이지만, 세상에는 신문이 나라를 망치고 있다는 소리도 있고, 이 사회의 혼란은 신문에도 상당한 책임이 있다는 소리도 있습니다. 이런 소리가 다만 하나의 잠꼬대에 불과한 것이겠습니까. 우리나라 신문은 지난 15년간 선의이건 악의이건 너무나 많이 국민들을 자극했고, 선동적인 언사(言辭)를 써 왔습니다. 이렇게 하여 경영상 수지는 맞추어 왔을지 몰라도 국가사회에 유익한 일만 해 왔다고 단언할 사람이 누구이겠습니까. 그런데 그보다도 더 이상한 것은 사람들이 저마다 속으로는 '신문이 과하다. 신문이 이래서는 안 돼'라고 하면서도 아무도 감히 입을 벌려서 큰소리로 그것을 시정하라고 외치는 사람이 없다는 사실입니다. 만일 우리에게 자유를 수호할 의무가 있다면 타인의 자유나 타 기관의 자유를 침해하는 자유를 규제할 의무도 있어야 하지 않겠습니까. 이것은 진정한 언론의 육성과 조금도 배치되는 것이 아니라고 확신합니다.

049
/
함보른 광산의
눈물

1964년 12월 10일 아침, 본에서 중요 일정을 모두 마친 박정희 대통령 일행은 뤼프케 대통령의 안내로 우리 광부들이 일하는 루르 지방으로 출발했다. 경찰기동대 사이카들이 선도하는 차량 행렬은 라인강을 따라 아우토반을 달렸다.

오전 10시 40분, 박 대통령이 탄 차가 루르 지방의 함보른 탄광회사 강당에 도착했다. 인근 탄광에서 근무하는 한국 광부 300여 명, 뒤스부르크와 에센 간호학교에서 근무하는 간호원 50여 명이 태극기를 들고 환영했다.

검은 탄(炭)가루에 찌든 광부들이지만 모두 양복 차림이었고 격무에 시달린 간호원들도 저고리를 곱게 차려 입고 박 대통령 일행에게 환하게 웃으며 손을 흔들었다. 박 대통령과 육영수는 이들에게 손을 흔들어 답례했다. 박 대통령 일행이 강당으로 들어가 대형

눈물을 닦는 간호사들의 모습.

함보른 광산에서 파독 광부와 간호사들을 만난 박정희 대통령은
"번영의 토대만이라도 놓자"면서 눈물을 쏟았다.

태극기가 걸린 단상에 오르자 광부들로 구성된 브라스 밴드가 애국가를 연주했다. 박 대통령이 선창하면서 합창이 시작됐다.

"동해물과 백두산이 마르고 닳도록 …"

한 소절 한 소절 불러감에 따라 애국가를 부르는 소리가 더 커져갔다.

"무궁화 삼-천리 화려강-산 …"

이 대목부터 합창소리가 목멘 소리로 조금씩 변하기 시작했나. 젊은이들이 타국에 와 고생하는 현장을 본 박정희의 음성도 변하기는 매한가지였다. 마침내 마지막 소절인 "대한사람 대한으로 …"에서는 더 이상 가사가 들리지 않았다.

여기저기서 흐느끼는 소리가 들려오기 시작했다. 박 대통령은 원고를 보지 않고 즉흥 연설을 하기 시작했다.

"광부 여러분, 간호원 여러분. 모국의 가족이나 고향 땅 생각에 괴로움이 많을 줄로 생각되지만 개개인이 무엇 때문에 이 먼 이국(異國)에 찾아왔던가를 명심하여 조국의 명예를 걸고 열심히 일합시다. 비록 우리 생전에는 이룩하지 못하더라도 후손을 위해 남들과 같은 번영의 터전만이라도 닦아 놓읍시다. …."

박 대통령의 연설은 제대로 이어지지 못했다. 육영수도, 수행원도, 심지어 단상 옆에 서 있던 뤼프케 서독 대통령까지도 울었다. 결국 연설은 어느 대목에선가 완전히 중단되었고 강당 안은 눈물바다가 되어 버렸다.

050

/

박정희의
지식인관

1965년 4월 30일 마셜 그린 미 국무부 극동담당 부차관보가 방한해 서울 중구 정동의 미 대사관저에서 윤보선 민정당 총재를 초대해 한일회담과 관련한 요담을 했다. 그린 부차관보는 5·16 군사혁명 때는 대사대리로서 윤 대통령을 찾아가 박정희 소장이 지휘하는 쿠데타군을 진압하기 위해 병력동원을 건의했으나 거절당한 인연이 있었다.

이튿날 그린 부차관보가 주한 미국대사와 함께 청와대를 찾아왔다. 박 대통령은 그린이 윤보선 전 대통령을 만난 데 대해 기분이 언짢아 있었다. 그린 부차관보는 일국의 대통령을 앞에 두고 담배를 꼬나물고 다리를 포개고 앉았다. 박 대통령은 무서운 눈매를 번득이면서 그린을 정면으로 쏘아보더니 통역에게 말했다. "이 자에게 내가 하는 말을 한마디도 빼지 말고 그대로 통역하시오." 박정희는 비수 같은 질문을 던졌다. "그래 윤보선씨가 뭐라고 하던가? 당신은 지금도 내가 물러나야 한다는 생각엔 변함이 없는가?" 박 대통령의 추궁에 그런 차관보는 겹친 무릎을 풀고 "예-써 엑셀런 시"를 연발하며 장군 앞에 선 병졸의 자세로 떨고 있었다고 한다.

이즈음 박 대통령은 학생, 지식인, 야당 세력들이 다시 뭉쳐 조인이 임박한 한일 국교정상화조약 반대운동을 벌이려는 조짐에 대해 신경이 날카로워졌다. 그런 부차관보를 혼내 준 이튿날 박 대통령은 진해 제4비료공장 기공식에 참석, 치사를 하다가 미리 준비한 원고를 제쳐 놓고 학생들과 인텔리를 향해 격한 비판을 쏟아 냈다.

"과거 일제시대에 우리가 일제와 싸우던 것과 마찬가지인 정신 자세, 즉 왜적이 와서 우리를 점령하고 우리를 식민지화하고 우리가 남의 노예가 되었을 때 우리가 일제에 대항하던 이러한 정신자세를 (지금에 와서는) 근본적으로 뜯어고쳐야 하는 것입니다. 인텔리 가운데는 정부가 하는 일은 무조건 반대하여야만 그 사람이 아주 인텔리이고 지식인이고 애국자연합니다. 정부가 하는 일은 그네가 아무리 생각해도 옳다고 해도 여럿이 있는 데서 이야기했다가는 '저 사람은 사쿠라요, 정부의 앞잡이다' 하는, 이런 우리 한국의 인텔리들의 사고방식이 근본적으로 뜯어고쳐지기 전에는 한국의 근대화라는 것은 어렵습니다."

051

/

한일회담 타결에 즈음한
특별담화문

박정희 정권 초기 최대의 정치위기는 한일국교정상화에 반대해 발생한 6·3사태였다. 우여곡절 끝에 한일회담이 타결된 후인 1965년 6월 23일 박정희는 특별담화문을 발표했다.

친애하는 국민 여러분! 어제 일본 동경에서 한일 양국의 전권대표 사이에는 양국 국교정상화에 관한 제(諸)협정이 정식으로 조인되었습니다.(중략)

한 민족, 한 나라가 그의 운명을 개척하고 전진해 나가려면, 무엇보다도 국제 정세와 세계 조류에 적응하는 결단이 있어야 합니다. 국제 정세를 도외시하고 세계 대세에 역행하는 국가 판단이 우리에게 어떠한 불행을 가져오고야 말았는가는 바로 이조(李朝) 말엽에 우리 민족이 치른 뼈저린 경험이 실증하고 있습니다.

6·3사태 당시 고등학생들도 '이것이 민족적 민주주의이드냐'라는 플래카드를 앞세우고
거리로 나섰다.

오늘의 국제 정세는 우리로 하여금 과거 어느 때보다도 일본과의 국교정상화를 강력히 요구하고 있습니다. 오늘날 우리가 대치하고 있는 적은 국제공산주의 세력입니다. 우리는 이 나라를 어느 누구에게도 다시 빼앗겨서는 안 되지만, 더욱이 공산주의와 싸워 이기기 위하여서는 우리와 손잡을 수 있고 벗이 될 수 있다면 누구하고라도 손을 잡아야 합니다. 우리의 자유와 독립을 수호하고 내일의 조국을 위해서 도움이 될 수 있는 일이라면, 어려운 일이기는 하지만 과거의 감정을 참고 씻어버리는 것이 진실로 조국을 사랑하는 길이 아니겠습니까.(중략)

나는 우리 국민의 일부 중에 한일교섭의 결과가 굴욕적이니, 저자세니, 또는 군사적 경제적 침략을 자초한다는 등 비난을 일삼는 사람들이 있다는 것을 알고 있습니다. 심지어는 매국적이라고 극언을 하는 사람까지 있습니다.(중략)

그러나 만일 그들의 주장이 진심으로 우리가 또다시 일본의 침략을 당할까 두려워하고, 경제적으로 예속이 될까 걱정을 한다면 나는 그들에게 묻고 싶습니다. 그들은 어찌하여 그처럼 자신이 없고 피해의식과 열등감에 사로잡혀서 일본이라면 무조건 겁을 집어먹느냐 하는 것입니다. 이와 같은 비굴한 생각, 이것이 바로 굴욕적인 자세라고 나는 지적하고 싶습니다. 일본 사람하고 맞서면 언제든지 우리가 먹힌다 하는 이 열등의식부터 우리는 깨끗이 버려야 합니다.(후략)

052

/

박정희와
KIST

1965년은 우리 과학기술 역사의 전환점이 된 해다. 그해 5월 박정희 대통령은 미국에서 열린 존슨 대통령과의 만남에서 선물 12개를 받았다. 우리 젊은이들이 월남에서 피 흘린 대가였다. 그 가운데 우리가 예상치 못한 선물이 포함돼 있었다.

공동성명문 맨 끝에 있는 '기술 및 응용과학연구소를 지어주겠다'는 문구였다. 1966년 2월 2일 박 대통령은 한국과학기술연구원(KIST) 설립 정관에 서명했고, 다음날 최형섭(崔亨燮) 박사를 초대 원장에 임명했으며, 4일 양국 정부가 '한미 공동 지원사업계획 협정서'에 조인했다.

KIST 설립 출자금은 2000만 달러였다. 당시 80kg 쌀 한 가마니가 3000원이었으니 상상할 수 없는 액수였다. 세계에서 가장 못사는 나라였던 한국에 대한 투자는 무모해 보였지만 훗날 가장 성공

박정희 대통령이 1965년 5월 18일 백악관에서 존슨 미국 대통령과 KIST 설립 지원 등 12가지 의제에 대한 공동성명을 발표하고 있다. 제공=KIST

적인 베팅으로 기록된다. KIST가 그간 창출한 가치는 600조원이 넘는다.

연구 인력을 모으는 것도 한 편의 드라마였다. 초대 원장 최형섭은 미국을 돌며 한인 과학자들에게 호소했다. "가난한 조국은 당신들이 돌아오기를 기다리고 있다!" 첫해인 1966년 18명이 귀국한 후 1990년까지 영구 귀국한 과학자가 1000명이 넘는다.

귀국 과학자들은 당시 국립대 교수 연봉의 3배를 받았지만 그것도 미국에 있을 때의 절반이 안 됐다. 개중엔 대통령보다 더 높은 보수를 받은 이들도 있었다. 논란이 일자 대통령이 그들의 급여 명세서를 훑어보더니 씩 웃으며 말했다. "이대로 시행하시오!"

KIST는 경부고속도로 건설 초석을 쌓았다. 그 위를 달릴 포니자동차를 현대자동차가 만들도록 한 것도, 그것을 수출하기 위해 조선소를 현대중공업이 짓게 한 것도, 그 재료를 생산하기 위해 포항제철소를 짓게 한 것도 모두 KIST의 두뇌에서 나왔다.

KIST는 우리 산업의 청사진을 제시했을 뿐 아니라 국산 최초의 컴퓨터 '세종1호'(1973년), 폴리에스터 필름(1977년) 개발 같은 과학사에 남을 업적도 냈다. 한국전자통신연구원·국방과학연구소 같은 14개 연구 기관을 탄생시키는 데도 '맏형' 역할을 했다.

053

/

박정희와 이승만 —
거인(巨人)에게 보내는 초인(超人)의 조사(弔辭)

1965년 7월 27일 오전 이승만(李承晚) 전 대통령의 유해를 실은 영구차는 서울 시내를 가로질러 제1한강교를 건넌 뒤 국립묘지에 도착했다. 국립묘지에 안장되기 전 간단한 영결식이 있었다. 박정희 대통령의 조사(弔辭)는 정일권(丁一權) 국무총리가 대독(代讀)했다.

독립·건국의 거인(巨人)을 조국 근대화의 초인(超人)이 격조(格調) 높은 문장으로써 평가하고 애도하면서 역사의 장으로 떠나보낸 이 조사는 이승만을 '독립운동의 원훈(元勳)이요, 건국대통령'으로 지칭하면서 시작된다.

　일찍이 대한제국이 기울어가는 것을 보고 용감히 뛰쳐나서 조국의 개화와 반(反)제국주의 투쟁을 감행하던 날, 몸을 철쇄(鐵鎖)로 묶고 발길을 형극(荊棘)으로 가로막던 것은 오히려 선구자만이 누릴 수 있는

영광의 특전이었던 것입니다.(중략)

　박사께서는 개인적으로나 민족적으로나 세기적 비극의 주인공이었던 것을 헤아리면 충심으로 뜨거운 눈물을 같이하지 않을 수 없습니다마는 그보다는 조국 헌정사상에 최후의 십자가를 지고 가시는 '어린 양'의 존재가 되심으로써 개인적으로는 '한국의 위인'이란 거룩한 명예를 되살리시고 민족적으로는 다시 이 땅에 4·19나 5·16과 같은 역사적 고민이 나타나지 않도록 보살펴시어 자주독립의 정신과 반공투쟁을 위한 선구자로서 길이 길잡이가 되어주시기 바라는 것입니다.

　여러 가지 사정으로 말미암아 박사로 하여금 그토록 오매불망(寤寐不忘)하시던 고국 땅에서 임종하실 수 있는 최선의 기회를 드리지 못하고 이역(異域)의 쓸쓸한 해빈(海濱)에서 고독하게 최후를 마치게 한 것을 가슴 아프게 생각하는 바입니다.(중략) 생전에 손수 창군(創軍)하시고 또 그들로써 공산 침략을 격파하여 세계에 이름을 날렸던 바로 그 국군장병들의 영령(英靈)과 함께 길이 이 나라의 호국신(護國神)이 되셔서 민족의 다난(多難)한 앞길을 열어주시는 힘이 되실 것을 믿고 삼가 두 손을 모아 명복을 비는 동시에 유가족 위에도 신의 가호가 같이하시기를 바라는 바입니다.

054
/
박정희가 보는
대학

1965년 8월 25일 저녁 박정희 대통령은 한일 수교를 반대하는 학생시위를 군대를 풀어 진압하기로 결심하고, 중앙청 제1회의실에서 전국 방송망을 통해 특별담화문을 19분간 읽어 내려갔다. 이 연설은 박 대통령이 집권 기간 중에 행한 연설 중 가장 직설적이고 단호한 표현이 많은 연설에 속한다. 그 뒤의 어느 대통령도 이 연설처럼 학생, 교수, 야당 정치인들을 가차 없이 공격(또는 경멸)하는 표현을 쓴 적이 없다.

나는 학원에서 학구에 전념하는 대다수 학생을 보호하기 위해 불순한 동기로 또 비록 동기에 있어서는 선의일망정 그 결과에 있어서는 사회 공공질서를 파괴하는 데모행위를 본직(本職)으로 알고 있는 일부 정치 학생의 버릇을 근절시켜야 할 절실한 필요를 통감하고 있습니다.

이 이상의 데모는 우리의 적인 공산주의자 이외의 누구에게도 도움이 되지 않는다는 점에서 이유와 명분을 불문하고 학생이 학원 밖으로 뛰쳐나와 가두를 휩쓸고 다니는 이 망국적 풍조를 단호히 시정할 것입니다.

학생회장 선거에 있어서 금전거래가 공공연히 성행하고, 때로는 테러·납치 등 일반 사회에서는 볼 수 없는 추잡하고 비루한 행위로 자치단체의 간부가 되어 선량한 학생과 공부하고자 하는 학생들을 괴롭히고 있고, 심지어 이 직위를 사회 진출의 미끼로 삼아 소영웅시하는 실로 타기할 기풍이 학원 내에 만연되고 있다는 사실을 나는 여러 번 듣고 있습니다.

또 일부 교직자들은 어떻습니까. 학생 데모를 영웅시하고 그들을 선동함으로써 자기가 입신출세할 수 있는 기회가 올 것을 은근히 바라는 기회주의자가 있는가 하면, 학생의 주장에 아부하고, 그 감정에 영합하여 값싼 인기를 얻지 않고서는 자기의 무식과 무능을 감출 수 없는 사이비 학자, 신분이 보장됨을 기화로 삼아 책임도 지지 못할 망언으로 국민을 우롱하는 무책임한 학자, 이러한 일부 엉터리 학자가 제거되지 않는 한 학문의 자유와 학원의 민주화를 기대할 수는 없는 것입니다.

055

/

월남
파병

박정희 정부는 1964년 7월 22일 계엄령하의 국회에 '월남공화국 지원을 위한 국군부대의 해외파견에 관한 동의요청안'을 제출했고 7월 31일 본회의에서 통과됐다. 야당의 조직적인 반대는 없었다. 이동외과 병원 요원들의 파견이 결국은 약 5만명의 대군(大軍) 파견으로 이어질 것이라고 예상하는 야당 의원들은 별로 없었다.

1964년 8월 3일 월맹(越盟) 베트남 동쪽 통킹만에서 일어난 북베트남 경비정과 미군 구축함의 해상 전투 사건을 빌미로 미국은 8월 7일 하원 만장일치로 '통킹만 결의안'을 채택해 베트남전 개입을 본격화했다. 미국은 북베트남 폭격을 대대적으로 시작했고 해병대를 상륙시켰다.

1964년 9월 11일, 140명의 파월장병들은 부산항을 떠났다. 이들은 9월 22일 월남에 도착, 28일에는 사이공 동쪽에 있는 해안 휴양

도시 붕따우의 월남 육군정양병원에서 시무식을 거행했다.

박정희 대통령은 1967년 4월 17일 대전 공설운동장에서 열린 첫 공화당 대통령 후보 연설에서 월남파병에 대한 소회를 이렇게 피력했다.

지금 우리나라 국방을 우리 60만 국군과 주한미군 2개 사단이 담당하고 있습니다. 만약 월남에 우리 한국군을 파견하지 않았다면 주한미군 2개 사단이 월남으로 갔을 겁니다. 만약 월남 정부나 미국 정부가 한국군을 보내달라고 했을 때 보내기 싫다면 안 보낼 수도 있습니다. 한국군을 보내지 않는다면 미군 2개 사단이 갔을 겁니다.(중략) 2개 사단이 빠졌다, 결과가 어떻게 되느냐? 한국 휴전선에 있어서 힘의 공백이 생깁니다. 이북에 있는 공산주의자들이 다시 침략할 찬스를 얻게 됩니다. 만약 공산군이 침략해 왔다고 합시다. 그때에는 우리는 누구한테 부탁을 해야 합니까. 우리나라의 국방을 위해서도 한국군이 월남에 가지 않을 도리가 없지 않습니까? 아무리 우방이요, 뭐요, 하더라도 가는 정(情)이 있어야 오는 정이 있을 것 아닙니까? 이러한 문제를 뻔히 아는 야당 사람들은 공연히 생떼를 써서 정부의 입장을 곤란하게 하기 위해 '청부전쟁을 했다'는 악담까지 하고 있습니다.

056

/

박정희와 마르코스의
라이벌 의식

1966년 10월 23일 일요일 정오 박정희 대통령 일행은 홍콩을 출발, 오후 3시30분 마닐라 국제공항에 도착했다. 박 대통령이 의전실장의 안내를 받으며 계단을 내려왔다. 뒤따라 내려오던 이동원(李東元) 외무부 장관은 박정희와 마르코스 두 사람의 포옹 장면을 보고 "저렇게 닮았을 수가…" 느끼며 놀랐다고 한다.

두 사람은 외모에서만 닮은 것이 아니었다. 1917년생으로 같은 기사생(己巳生·뱀띠)인 것은 물론, 그때까지의 인생역정 또한 흡사했다.

1966년 당시 한국의 1인당 GNP가 130.8달러였을 때 필리핀은 269달러로 동남아시아에서 선두 그룹에 들어 있었다. 마르코스는 필리핀을 아시아에서 일본 다음가는 부강한 국가로 만들겠다는 꿈을 갖고 있었다. 뿐만 아니라 이웃 나라 지도자들과의 경쟁의식도 강했다. 유양수(柳陽洙) 필리핀 대사는 마르코스에 대해 이렇게 회고했다.

"6·25 당시 미군을 제외한 참전국 중 가장 먼저 전투병력을 한국에 파병한 필리핀은 우리에 대해 우월의식을 갖고 있었습니다. 미국을 중심으로 마르코스, 박정희 두 지도자 간의 경쟁관계가 형성되면서 한국이 먼저 월남에 전투병력을 파병했다는 사실이 마르코스의 자존심을 건드린 것으로 파악됐습니다."

월남 참전 7개국 정상회담은 1966년 6월 14일 아스팍(ASPAC·아시아태평양이사회)이 서울에서 열렸을 때 당시 이동원 외무장관의 제안으로 시작됐다. 정상회담의 주도국은 한국이어야 한다는 데에도 각국은 이의가 없었다.

그런데 일주일쯤 뒤 라모스 필리핀 외상이 마르코스 대통령에게 서울에서 정상회담이 열린다는 사실을 보고하자 마르코스가 "이 회의는 필리핀이 주최해야 한다"고 우기기 시작했다고 한다. 그 직후 미 국무성의 번디 차관보가 급히 내한해 "마르코스를 달래주어야 한다"며 하소연했다. 졸지에 주최국이 바뀌자 박정희 대통령은 평소 하지 않던 심한 욕설까지 하며 화를 냈다고 한다.

"마르코스, 이 나쁜 자식. 윤리도 도의도 없는 놈. 이거 우리가 제창했는데 날치기 아닌가." 회담은 결국 필리핀의 수도 마닐라에서 열고, 회담 성명서는 한국 외무부에서 작성한 내용을 선택하기로 미국과 합의함으로써 이 문제를 일단락했다.

057
/
김은국이 본
박정희

재미작가 김은국(金恩國·리처드 김)이 쓴 〈오 마이 코리아〉란 기사
가 미국의 저명한 월간잡지 《애틀랜틱》 1966년 2월호에 실렸다. 그
몇 년 전 《순교자》란 영문소설을 써 유명해진 김씨는 매사추세츠
대학 영문학 교수로 재직하고 있던 중 1965년 6월 한국을 방문해
한일 국교정상화 반대 데모가 휩쓸고 있던 서울을 취재했다. 이 기
사의 발췌문은 신문에 연재되기도 했고, 전문(全文)은 잡지에 번역
되어 실렸다. 6·25전쟁 때 국군 장교로 근무했던 김은국은 박정희
대통령을 만나 깊은 인상을 받았다고 했다.

그는 굉장한 자신감에 차 있어 아무것도 그의 신념을 흔들 수 없다.
그는 굳세고 어쩌면 신비롭기까지 했다. 신체적으로나 정서적으로 완
전한 건강 상태라서 국가원수로서 그가 하는 일은 무엇이든 옳다는 자

신감 속에 착 가라앉아 있는 듯이 보였다. "학생들은 자기네들이 뭘 바라는지도 잘 모르고 있습니다. 야당은 이 학생들을 조종하고 있어요. 곧 잠잠해질 겁니다." 그가 이 나라의 밝은 미래에 대해서 설명할 때 그의 자신감과 침착함은 나에게 전염되어 오는 듯했다.

김은국은 '추하고 수치스런 옛날을 영광스런 역사라고 과장하고 초라하고 보잘것없는 것을 찬란한 문화유산이라고 기만하는 태도를 버리고 환상, 망상, 자기기만에서 깨어나면 거기에 엄숙한 현실이 있다'고 충고했다.

수세기 동안 권력의 압박을 받았고 정치 사기꾼의 달콤한 말에 속아 왔으며 공산주의자들에게 유린당하고 사이비 민주주의자들에게 이용당해 절망의 끝까지 밀려 나온 가난하고 비참하고 고통스런 민족이란 현실이 드러나는 것이다. 그러나 미약하나마 희망은 있다. 20여 년간 자유민주주의 체제 아래에서 살아왔다는 것, 이러한 경험에서 무엇인가 얻은 게 있으며 이것이 장기적으로 이 나라를 구할 가능성도 있다.

김은국은 한국인이 민주주의란 게임을 가장무도회처럼 즐기고 있다고 했다. 이 게임이 습관이 된다면 언젠가는 한국인들이 진지하게 게임을 받아들이게 될 것이고, 그렇게 된다면 환상과 기만에서 기적이 탄생할 희망은 있다는 것이다.

058
/
대한민국의
3대 공적(公敵)

1967년 4월 17일 오후 1시30분 대전공설운동장. 박정희 공화당 대통령 후보는 이 자리를 국가 지도자로서 정부의 입장과 자기의 소신을 해명하는 자리로 삼았다. 당시 연설은 국가 지도자로서의 철학과 비전이 스며 있는 연설이었다.

　작은 메모 몇 장만을 들고 단상에 올라선 박정희는 약 1시간20분간의 연설을 통해 "대통령이란 국가의 어려운 문제가 있을 때 제일 마지막에 가장 어려운 결심을 하는 자리"라며 신민당이 "공화당은 3대 공적(公敵) 중 하나"라고 한 데 비춰 "공화당의 3대 공적은 야당이 아니라 공산당, 빈곤, 부정부패"라고 했다. 박정희 특유의 카랑카랑한 경상도 억양을 상상하고 읽어보면 생동감이 더할 연설문을 옮겨본다.

지금 야당에서는 여러 가지 정책을 많이 들고나왔습니다. 요즘 들고
나온 이것이 정책인지 정부·여당에 대한 욕인지 분간하기 어려운 여러
가지 고약한 얘기들을 많이 들고나옵니다. 특히 우선 박 정권은 국민의
3대 공적이다, 4대 비정(秕政)이 있다고 합니다.(중략) 야당에서는 우리
를 보고 지금 공화당 정부를 국민의 3대 공적이라고 그러는데 우리 공
화당 정부도 3대 공적이 있습니다. 뭐냐 하면 이것은 우리가 야당을 공
적이라고 그러는 것이 아니라 우리가 지금 생각하고 있는 공적은 첫째
는 공산당이요, 둘째는 빈곤이요, 셋째는 부정부패입니다.

　　공산당을 우리는 적으로 생각하고 있습니다. 우리나라의 가난과 빈
곤을 우리는 또한 적으로 생각하고 있습니다. 우리나라가 잘 발전하자
면 부정부패를 뽑아야 되겠다는 것도 우리는 생각을 하고 있습니다. 그
렇다면 야당이 생각하는 것과 우리가 생각하는 것이 다른 것은 다 다르
지만, 부정부패에 대한 생각은 똑같은 것 같습니다.

　　그렇다면 앞으로 우리나라의 부정부패를 없애기 위해서는 서로 네가
더 썩었다, 네가 더 썩었다 할 것이 아니라 여야가 잘 협조를 해서 우리
나라의 부정부패가 없도록 노력을 해야만 할 것입니다.

059
/
1·21사태

1968년 1월 21일 밤 청와대를 습격하기 위해 중무장한 무장공비 31명이 침투했다. 이들은 한미 군경(軍警) 합동수색대와 교전 중 대부분 사살됐다. 당시 유일하게 체포된 이가 김신조씨다. 이 때문에 이 사건은 주로 '1·21사태'로 불리지만 '김신조 사건'이라고도 불린다.

개성을 출발한 이들 무장공비 31명이 휴전선 군사분계선을 넘어선 때는 그해 1월 18일 자정이다. 북한군 정찰국장 김정태로부터 청와대 습격에 관한 작전을 지시받은 지 5일 만이었다.

당시 미군이 담당하고 있던 서부전선 지역으로 침투한 후 하룻밤을 숙영(宿營)한 이들은 다음날 밤 임진강을 건너 경기도 파주군 법원리의 삼봉산에서 숙영을 했다. 이 과정에서 인근에 살던 나무꾼 우씨 4형제를 만나게 되는데 우씨 형제는 산에서 내려온 후 인

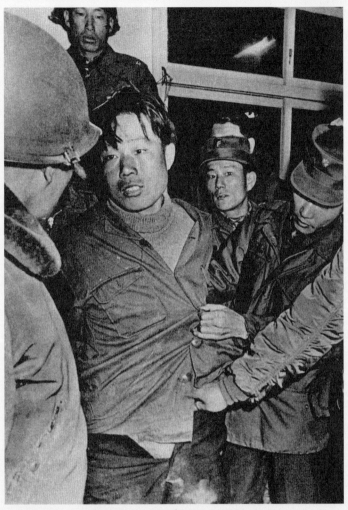

1·21사태 당시 북한특수부대원 중 유일하게 생포된 김신조는 "박정희 목을 따러 왔다"고 말해 충격을 주었다.

근 파출소에 '무장공비가 나타났다'는 신고를 했다.

무장공비들은 비봉·승가사로 이어지는 험준한 산악길을 타고 이날 밤 10시 서울 시내 세검동 파출소 관할 자하문 초소에 도착했다. 자하문 초소에서 검문을 하던 경찰은 무장공비임을 직감하고 증원 병력이 올 때까지 시간을 끌려고 했지만 뜻대로 되지 않았다.

무장공비들이 청와대 방향으로 약 400여m를 더 전진했을 무렵 연락을 받고 출동한 경찰병력과 첫 접진이 빌어졌다. 무장공비들은 현장을 지나가는 버스 안에 수류탄을 투척하는 등 출동한 우리 군경과 총격전을 벌였다.

박정희 대통령이 총성을 들은 시각은 이날 밤 10시15분부터 30분 사이였다. 감기약을 먹고 잠을 자다가 깬 박 대통령은 점퍼 차림으로 집무실로 내려왔다. 상황 보고를 위해 청와대로 달려온 김성은 국방부 장관에게 박 대통령이 말했다.

"김 장관, 내가 감기에 걸려 약을 먹고 자다가 일어났는데 말이야, 거 참. 이놈들이 여기까지 쳐들어올 줄 누가 생각이라도 했겠소? 고약한 놈들, 뭐 못하는 짓이 없구먼. 그렇게 파괴하더니 결국 여기까지 쳐들어왔구먼."

060
/
육영수 여사의
눈물

1·21사태의 첫 희생자는 최규식 당시 종로경찰서 서장이다. 최 서장은 자하문 검문소 부근으로 경찰병력을 이끌고 도착해 현장을 지휘했다. 최 서장은 권총을 뽑아 들고 무장공비들을 막아섰다. 최서장은 인근 효자동에 있는 방첩부대 사령부로 가는 길이라는 무장공비에게 "여기는 내 담당 구역입니다. 신분을 밝히지 않고는 아무도 못 지나가오"라면서 그들의 전진을 막아섰다. 그때 시내버스 한 대가 최 서장이 타고 온 지프 뒤로 멈춰 섰다. 잠시 후 또 한 대의 버스가 그 뒤에 멈춰 섰다. 무장공비들은 두 대의 버스를 국군 지원 병력이 타고 온 것으로 착각했다.

최 서장과 시비가 붙었던 공비는 외투 속에서 총을 꺼내 최 서장의 가슴을 향해 연발 사격을 했다. 최 서장은 가슴에 세 발의 흉탄을 맞고 그 자리에서 숨졌다. 당시 그의 나이 36세였고 그 시각은 밤 10시 15분경이었다.

이 사실은 박 대통령에게 즉시 보고되었다. 보고를 받은 박 대통령은 "최규식 총경이?" 하면서 몹시 안타까워했다고 한다. 청와대에서 최 서장의 죽음을 가슴 아파한 또 한 사람은 육영수 여사였다.

육 여사는 해외 순방이나 큰 행사 때마다 깔끔한 복장에 절도 있는 행동으로 일선 경찰들을 지휘하는 최 총경의 모습을 눈여겨보았다. 그 후 관내에 청와대가 포함된 종로경찰서장으로 발령받게 하는 데 힘이 되었다고 한다. 당시 육 여사도 제2부속실에 나와 있었다. 경호실에서 등화관제를 요구해 제2부속실의 홍정자(육 여사의 조카) 비서관은 불도 켜지 않은 2층 복도를 오가며 육 여사의 심부름을 했다. 총성으로 어수선한 분위기 속에서도 육 여사는 극도의 침착성을 보이고 있었다고 한다. 홍정자씨의 회고다.

"경호관들이 오가면서 소식을 전해주었는데, 최규식 총경이 순직했다는 말을 들은 겁니다. 그날 밤 이모님은 눈물을 참 많이 흘렸어요. 최 총경의 죽음이 마치 자기 때문인 듯이 슬퍼했지요. 새벽 2시에 종로경찰서에 전화를 걸어서 유가족에게 애도를 표한다는 말씀을 꼭 전해달라고 하시면서 울먹이셨지요."

061

/

푸에블로호
납치 사건

1·21사태 발생 이틀 뒤인 23일 새벽, 한반도를 또 다른 긴장 속으로 몰아넣는 사건이 발생했다. 푸에블로호 납치 사건이다.

푸에블로호는 미 해군 정보수집함으로 북한에 납치당할 당시 원산 앞 공해상에서 전파 감청 활동을 벌이고 있었다. 북한은 푸에블로호를 납치하기 위해 4척의 무장 초계정과 2대의 미그 전투기를 동원했다.

이 사건은 1·21사태의 위기 국면을 극복하고 반격을 가하려던 우리의 계획을 잠시 유보시켰다. 미국은 즉각 사건 발생 당일인 23일 일본에서 월남으로 남진하던 핵 추진 항공모함 엔터프라이즈호와 3척의 구축함을 동해로 회항시켜 원산만에 대기시켰다. 다음 날인 24일에는 딘 러스크 미 국무장관이 상원외교위원회에 출석해 "일종의 전쟁 행위로 규정지을 수 있다"는 강경 발언을 했다.

이날 본스틸 유엔군 사령관 겸 주한미군 사령관은 김성은 국방 장관을 만나 이런 요지의 말을 했다고 한다.

"우리 미국은 이번에 가만히 안 있겠다. 지금까지 북한이 한국에 숱한 도발을 해오고 우리 미군도 피해를 보았지만 지금 같은 경우는 참을 수 없다. 이것은 미국의 방침인데 원산항을 포함한 몇 개의 군사 시설에 폭격을 가할 계획이다."

이날 오후 김 국방장관은 청와대로 들어가 박정희 대통령에게 본스틸 사령관의 말을 전했다. 박 대통령은 그 말을 듣고 "아! 기분 좋다. 이거 한 번 때려 부숴야 한다. 좋다. 김 장관, 우리도 준비합시다" 했다고 한다.

전군에 비상이 걸렸지만 실제로 전쟁은 일어나지 않았다.

납치 사건 발생 후 11개월이 지난 1968년 12월 23일 북한은 판문점을 통해 승무원 82명과 유해 1구를 송환했다. 푸에블로호와 거기에 설치된 비밀전자장치는 몰수했다. 미국이 승무원 송환을 위해 푸에블로호의 북한 영해 침범을 시인·사과하는 등의 내용이 담긴 승무원 석방 문서에 서명하는 것으로 사건은 일단락됐다.

062

/

싸우면서 일한다 —
예비군 창설

1·21사태 발생 한 달여 후인 2월 23일, 박정희 대통령은 해군사관학교 22기 졸업식에 참석했다. 이 자리에서 박 대통령은 유시(諭示)를 통해 다음과 같이 말했다.

"우리는 북괴의 흉계가 아주 오산이라는 것을 보여주어야 한다. 일하면서 싸우고, 싸우면서 일하는 건설과 반공 투쟁의 범국민적인 국방 태세를 확립할 때가 바로 지금이다."

2월 28일, 서울대 졸업식에서는 이런 축사를 했다.

공산주의자들과 타협이나 양보는 패배를 뜻하는 것이며 패배는 곧 죽음을 의미하는 것입니다. 우리는 죽을 수 없습니다. 나도 살아야 하고, 너도 살아야 하고, 우리 민족도 살아야 하고, 조국도 살아야 합니다. 살기 위해서는 죽음을 각오하고 싸우는 길밖에는 없습니다.

졸업생 여러분!

우리가 살기 위해서는 이 나라는 우리의 힘으로 지켜야 합니다. 우리 나라는 우리의 힘으로 지키겠다는 결심과 지킬 수 있는 힘을 길러야 하고 준비를 해야 합니다.…

1·21사태를 겪은 직후 반공과 자주국방에 대한 박 대통령의 의지는 절박했다. 국민의 생명과 생존이 거기에 달려 있다고 봤기 때문이다. 이런 절박함이 해군사관학교와 서울대 등의 졸업식에서 그런 연설을 하게 한 배경이다. 특히 해군사관학교 졸업식에서 유시를 통해 말한 '일하면서 싸우고, 싸우면서 일한다'는 것은 그해 4월 1일 창설한 향토예비군의 모토가 됐다.

박정희 대통령은 1968년 2월 6일 밤, 청와대에서 당시 김성은 국방부 장관에게 예비군 조직 편성을 지시했다. 그 후 1968년 3월 26일까지 향토예비군 191개 대대, 2608개 중대, 478개 직장중대가 편성되어 총 166만2143명으로 조직 편성을 완료했다. 창설식은 그해 4월 1일에 대전공설운동장에서 열렸다. 그 후 향토예비군은 단계적으로 강화되면서 450만명에 달하는 조직으로 성장했다. 이로써 대한민국은 당시 북한군 210만여 명의 병력을 상회하게 됐다.

063

/

경부고속도로 건설 —
박정희와 정주영

국토 개조를 통한 국가 번영이라는 박정희 대통령의 원대한 꿈은 1·21사태 등 북한의 도발이 계속되는 가운데서도 멈추지 않았다. 궁극적으로 국가 번영이 국토를 수호하고 북한의 남침 야욕을 꺾는 데 밑거름이 될 것이라고 굳게 믿었다.

박 대통령은 1·21사태의 여파가 채 가시지도 않은 1968년 2월 1일 경부고속도로 착공식을 가졌다. 제2차 경제개발5개년계획 기간 중이었다.

박정희 대통령의 경부고속도로 건설 꿈은 1964년 독일 방문에서 싹텄다. 박 대통령은 본~쾰른 간 아우토반(독일의 자동차 전용 고속도로)을 달리며 한반도 지도에 서울과 부산, 목포, 강릉, 인천을 연결하는 선을 그었다. 귀국 후 65년 3월, 박 대통령은 고속도로 건설 타당성 조사를 지시했고 67년 6대 대통령 선거 공약으로 고속

1968년 12월 21일 경인·경수고속도로 개통식에서
박정희 대통령은 샴페인을 뿌리며 기뻐했다.

도로 건설을 제시했다.

난관은 야당의 반대였다. 68년 2월 28일, 당시 여당인 공화당은 고속도로 건설 재원으로 사용될 석유류세법 개정법안을 국회에 제출했지만 야당의 반대에 부딪혔다. 다음날 밤 10시30분경. 청와대 박 대통령 집무실에는 김종필 당의장, 길재호 사무총장 등이 모여 있었다. 김 의장이 "각하, 야당이 농성을 해버리니 도저히 정상적으로는 불가능하겠습니다. 다음 회기에 통과시키도록 하겠습니다"고 했다.

박 대통령의 고성이 터져 나왔다. "뭐? 무슨 소리야! 내가 이 나라 경제 발전을 위해서 경부고속도로를 만드는데 뭐? 야당이 반대한다고 국회에서 통과를 못 시켜? 뭐 이런 게 다 있어! 내가 나라 살리겠다고 산업도로 만들려고 하는데 야당이 반대한다고 여당이 그걸 하나 통과 못 시켜? 여당은 뭐하는 놈들이야!"

그날 밤 12시가 다 돼서 이 법안은 통과됐다. 법이 통과되기까지 국회에서 벌어진 일들은 미루어 짐작할 수 있을 것이다.

당시 정주영의 현대건설은 태국 고속도로 시공 경험을 바탕으로 경부고속도로 건설에 참여했다. 건설 구간 429km 중 40%인 128km를 현대건설이 완성했다. 박 대통령은 수시로 공사 현장을 찾았고 정주영도 밤잠을 자지 않고 현장에서 고속도로 건설을 독려했다. 그렇게 경부고속도로는 세계 최단 기간인 2년5개월 만에 완공됐다. 훗날 경부고속도로가 대한민국 경제 발전에 밑거름이 됐다는 것은 아무도 부인할 수 없는 사실이다.

064

/

불발된
여야 영수회담

1967년 6월 8일 치러진 제7대 총선에서 정부와 여당은 압도적 다수 의석을 차지하기 위해 무리수를 두었다. 이후 신민당의 부정선거 규탄 투쟁, 경부고속도로 건설을 위한 석유류세법 개정안 날치기 통과 등으로 이듬해 초까지 정국은 얼어붙었다.

당시 재선 의원이던 김상현(金相賢) 신민당 의원은 3월 6일 경색된 정국을 풀어보겠다는 생각에서 이후락 청와대 비서실장에게 대통령 면담신청을 넣었다. 다음날 이후락으로부터 "각하가 바로 만나자고 하신다"는 연락이 왔다. 김상현은 급히 청와대로 들어갔다. 집무실에는 벽면 전체에 경부고속도로 관련 지도, 도표 등이 가득붙어 있었다.

김상현은 박정희에게 여야 영수회담을 건의했다. 박정희는 흔쾌히 승낙했다.

"좋습니다. 어떤 형식을 취할지는 야당 편한 대로 하세요. 내 쪽에서 회담을 먼저 제의하는 형식으로 하는 게 좋으면 그렇게 하고, 유진오 당수 쪽에서 먼저 제의하는 형식을 취하는 게 좋으면 그렇게 해도 좋습니다. 장소도 꼭 청와대가 아니라 수유리 아카데미하우스 같은 데도 좋습니다."

청와대에서 나온 김상현은 유진오에게 박정희의 뜻을 전했다. 유진오도 좋다고 했다. 그런데 다음날 유진오 당수 집으로 갔더니, 그의 안색이 안 좋았다. 그는 "다 틀렸소, 다 틀렸소"라며 탄식했다. 무슨 일이냐고 물었더니, 그는 이렇게 말했다.

"당 중진들이, 만약 영수회담을 하면 사쿠라로 몰려 내 정치생명이 죽는 것은 물론, 우리 신민당까지 큰일 난다고 합디다."

이후 김상현은 보름 동안 유진오 당수 집으로 출근하다시피 하면서 영수회담 수용을 권했다. 하지만 유진오는 요지부동이었다. 결국 영수회담은 물 건너가고 말았다. 김상현은 이렇게 술회했다.

"솔직히 말해서 나는 박정희 대통령의 3선 개헌은 야당의 책임이라고 생각합니다. 내가 박정희라도 '저런 자들에게 정권 물려주었다가는 나라 다 말아먹는다'고 생각할 수밖에 없게 되어 있었어요."

065

/

울진·삼척
무장공비 사건

1968년 11월 2일 밤 북한이 남파한 무장공비가 당시 경북 울진과 강원 삼척 지역으로 침투했다. 남한에 활동 거점을 구축하기 위해서였다. 무장공비들은 북한 민족보위성 정찰국 예하 124군 소속으로, 같은 해 1월 청와대를 기습하기 위해 남하했던 무장공비들과 같은 부대 소속이었다.

1968년 11월 5일 합참 대(對)간첩대책본부장 유근창 중장은 "지난 11월 2일 밤 경북 울진군 북면의 동해안에 30명 내외로 추정되는 북괴 무장공비가 불법 침입, 양민을 학살하는 사건이 발생하여 군경과 향토예비군이 이들을 포위, 섬멸 작전을 펴고 있다"고 발표했다.

이날부터 한국은 사실상 양면 전쟁 상태에 들어갔다. 베트남 전선에 이어 내부에 또 다른 전선을 형성한 것이다. 대간첩대책본부의 최초 발표와 달리 동해안에 상륙한 무장공비 병력은 120명이었다.

김일성은 이 무장공비들의 작전을 지원하기 위해서 비무장지대와 서해안으로도 공비를 침투시켰다. 11월 1일과 3일 사이 충남 서산 부근에서 두 명의 무장공비 침투가 있었고 비무장지대에서는 일련의 총격전이 벌어졌다. 울진·삼척 지역으로 대규모 무장공비를 침투시키기 위한 일종의 교란작전이었던 것이다.

대간첩대책본부의 지휘 아래 군과 향토예비군은 무장공비들의 퇴로를 차단하고 포위망을 형성하여 소탕 작전을 벌였다. 그해 11월 30일까지 기관단총 56정, 권총 8정, 실탄 1만8000발, TNT 17개, 수류탄 163발, 카메라 3대 등을 노획했다. 12월 말까지 58일의 작전 기간 동안 무장공비 120명 중 111명을 사살하고 5명을 생포했으며, 2명은 자수, 2명은 도주했다.

박 대통령은 68년 11월 30일 수출의 날 치사에서 울진·삼척 지구 무장공비 침투와 관련해서 이렇게 말했다.

"김일성이가 가지고 있는 정도의 무력을 가지고 대한민국을 전복하고 그들이 노리는 적화통일을 하기에는 벌써 시기가 지났습니다. 그동안 대한민국의 국력이 너무 커져 버렸고, 대한민국의 국방군이 너무나 강해졌고, 우리 대한민국 국민들의 정신 무장이 너무 단단해졌기 때문입니다.…"

066

/

3선
개헌

3선 개헌은 박정희 대통령의 두 번째 임기가 끝나가던 1969년 9월 14일에 이루어졌다. 당연히 박 대통령의 3선을 위한 개헌이었기 때문에 주요 내용은 ▲대통령의 3선 연임 허용 ▲국회의원의 국무총리 및 국무위원 겸직 허용 ▲대통령에 대한 탄핵소추결의 요건 강화 등이었다. 이유는 북한의 도발위협 속에서 경제 건설의 가속화를 위한 정치적 안정의 극대화를 위해 박정희 대통령의 강력한 지도력이 필요하다는 것이었다.

이와 같은 개헌 시도에 대해 당시 야당인 신민당은 즉각 반발했다. 그해 2월 28일 나주 재선거에서 유진오 신민당 총재는 "공화당은 장기 집권을 위하여 3선 개헌을 시도하고 있다"고 여권을 공격했다. 당시 여권 내에서도 개헌에 대해 찬반양론이 엇갈리고 있던 터였다.

개헌에 대한 갑론을박이 이어지는 가운데 박정희 대통령은 7월 27일 담화를 통해 "꼭 개헌이 필요하다면 연말 연초로 늦추라"고 말해 사실상 개헌을 지시했다. 8월 7일에는 개헌안이 국회에 정식으로 제출됐다.

이후 개헌에 대한 국민투표를 놓고 여야가 치열한 찬반 유세를 벌였다. 그해 10월 17일 국민투표에서 65.1%의 찬성으로 대통령 3선 연임을 허용하는 헌법이 통과됐다. 이 개헌은 제헌 이래 한국 헌정사상 여섯 번째의 개헌이었다. 이 개헌들은 모두가 정권 장악 또는 연장을 위한 개헌이었다는 공통점이 있다. 이 3선 개헌으로 박정희 대통령의 장기 집권이 시작됐음도 물론이다.

그렇다면 당시 박정희 대통령의 3선 개헌에 대한 생각은 어땠을까. 공화당 원내총무를 지낸 김용태 전 의원의 회고다.

"나도 3선 개헌이 무리라는 걸 잘 알고 있어요. 이승만 박사도 개헌을 하지 않았다면 지금은 국부(國父)로서 존경을 받고 있었을 거야. 그러나 그동안 우리가 이룩해 놓은 국부(國富)와 국력을 북괴가 남침해서 하루아침에 불살라 버리지 않을까 하는 걱정이 커! 경제를 지속적으로 발전시키고 국력을 기르고 국방을 튼튼히 해줄 사람이 없단 말이야."

'나 아니면 안 된다'는 생각의 발로라고 볼 수도 있겠지만, 박정희 대통령이 3선 개헌을 결심하게 된 배경을 미루어 짐작게 해주는 말이다.

공화당 의원들이 국회 제3별관에서 3선 개헌안을 통과시킨 후,
뒤늦게 달려온 김상현 의원은 투표함을 집어던지며 울분을 토했다.

067
/
박정희와
소양강댐

1972년 박정희 대통령은 국토종합개발계획을 세운다. 그 중심 사업은 다목적댐의 건설이었다. 1967년 4월에 착공해 1973년 10월에 완공한 소양강댐 건설을 둘러싸고 1966년 고(高)댐이냐, 저(低)댐이냐로 논쟁이 있었다. 고댐은 종합적 용도의 다목적댐인데, 공사비가 비싸게 먹힌다. 이에 반해 저댐은 순수 발전용인데 싸게 먹힌다. 건설부는 국토개발이란 종합적 관점에서 고댐을 원했다. 이후락 비서실장과 한국전력은 저댐을 원했는데, 장기영(張基榮) 부총리도 저댐 쪽으로 기울었다. 김학렬(金鶴烈) 차관은 고댐을 지지했다. 이해관계가 끼어드는 양상까지 보이자 박 대통령은 선택에 고심했다.

어느 날 박 대통령은 황병태(黃秉泰·주중대사 역임) 국장을 청와대로 불렀다. 황 국장은 경제기획원 외자도입과장 시절부터 박 대통령에게 자주 불려갔다. 박 대통령은 실무자가 사안에 대해 가장 정통하다는 소신을 갖고 있었기 때문에 장·차관을 제치고 직접 실무자를 불러 의견을 듣기도 했다.

황 국장은 청와대로 헐레벌떡 들어가다가 장기영 부총리, 서봉균(徐奉均) 재무장관, 주원(朱源) 건설장관과 마주쳤다. 장 부총리는 의아한 표정으로 "자네, 여기는 왜 왔어?"라고 물었다.

"부름 받고 왔습니다."

박 대통령과 네 사람이 저녁 식사를 함께했다. 박 대통령은 주일 대사가 보냈다는 청어알을 황 국장에게 권하면서 "이거, 자네 맛좀 보라고 불렀어"라고 했다. 식사가 끝난 뒤 박 대통령은 황 국장에게 잠시 남으라고 일렀다.

"황 국장, 소양강댐 말이야, 고댐, 저댐 중 어느 것이 좋아?"

황 국장은 실무자의 입장에서 각각의 장단점을 조심스럽게 이야기하는 수밖에 없었다.

"그러지 말고 황 국장 생각을 말해보라고, 어때?"

황 국장은 잠시 머뭇거리다가 입을 뗐다.

"사실은 백년지사 차원에서 생각하면 아무래도 고댐이 바람직하다고 생각됩니다."

"맞는 말이구먼. 돈 몇 푼 아끼는 것보다는…. 결론 내렸어!"

황 국장이 옆을 보니 장기영의 표정에 노기(怒氣)가 서리고 있었다.

068

/

박정희와
포항제철

1969년 1월 하순 하와이. 박태준(朴泰俊)은 와이키키 해변을 힘없이 걷고 있었다. 종합제철소 건설에 쓸 자금을 구하기 위해 워싱턴까지 날아갔지만 믿었던 국제제철차관단(KISA)의 프레드 포이 대표에게 보기 좋게 퇴짜를 맞았던 것이다. 세계 철강업계와 금융기관들은 이름조차 낯선 후진국 코리아가 종합제철소를 지을 수도 없고, 또 필요하지도 않다고 판단했던 것이다.

"제철에 목숨을 건다고 했는데, 1억 달러가 없어서 나가떨어지다니. 일본에 가서 차관을 더 달라고 할 수도 없고…" 박태준의 머리에 불현듯 '대일 청구권 자금'이 떠올랐다. 박태준은 쏜살같이 콘도로 돌아와 박정희 대통령에게 전화를 걸었다. "미국에서 협상은 실패했지만 마지막 방법이 있습니다. 대일 청구권 자금을 전용(轉用)하는 것입니다."

일본이 식민지배 기간 끼친 각종 피해에 대한 배상청구로 받기로 한 무상 3억 달러, 유상 2억 달러의 자금 중 농수산 지원 용도로 사용하기로 한 자금을 제철소 건설로 돌려서 활용하자는 이야기였다. 이 말을 들은 박 대통령은 "기막힌 아이디어군. 대일 청구권 자금이 1억 달러는 남아 있을 거야. 일본 정부는 임자가 설득해"라고 말했다.

당시 정치권은 농수산 지원 용도로 쓰일 자금을 진용하는 데 반대했다. 국회의원의 80%가 농촌 출신이었기 때문이었다. 하지만 박정희는 자신이 꿈꾸는 조국 근대화를 위해 수출 주도형 산업화를 추진했다. 그는 국가의 농수산업 대신 제철소를 선택했다. 철강은 흔히 '근대 산업의 쌀'이라고 불릴 만큼 근대산업의 바탕이 되는 소재였기 때문이다.

박 대통령은 당시 정계 실력자들 사이에서 충남 비인, 경남 울산, 삼천포 등지로 종합제철소를 유치하려는 경쟁이 치열했으나, 실무자인 황병태 국장의 건의에 따라 정부가 선정한 후보지 18개소 가운데 수심이 가장 깊은 포항을 선택했다.

포스코는 현재 글로벌 톱 4위권의 철강업체가 됐다. 생산 능력이나 제품 경쟁력에서도 40년 전 포항제철소 건립을 지원해 줬던 일본의 신(新)일본제철을 뛰어넘는다. 자동차와 조선·플랜트 등 현재 한국 기업이 세계 최고의 경쟁력을 유지하는 분야도 모두 철강 소재의 자립(自立)을 통해 가능했다.

1970년 4월 1일 박정희 대통령이 박태준 포항종합제철 사장(왼쪽),
김학렬 부총리 겸 경제기획원 장관(왼쪽)과 포항제철 기공식 발파 스위치를 누르고 있다.

069

/

한국 전자공업의 가정교사
김완희 박사

1967년 9월 13일 박정희 대통령은 전자공업 분야의 세계적 권위자인 김완희(金玩熙) 미국 컬럼비아대학교 교수로부터 한국 전자공업 발전 방안에 대한 브리핑을 받았다. 전자공업이라야 금성사가 막 홍콩제 트랜지스터 라디오를 카피해 만들려고 시도하던 시절이었다. 브리핑이 끝난 후 박정희는 김완희와 점심을 같이했다. 식사를 마친 박정희는 김완희를 서재로 데리고 갔다. 박정희는 서랍에서 뭔가를 꺼내더니 탁자 위에 놓으면서 말했다.

"김 박사, 미국 모토롤라사(社)가 한국에서 이걸 만들겠다고 하면서 공장부지 매입을 허가해 달랍니다."

박정희가 탁상 위에 올린 것은 작은 트랜지스터였다.

"요 쪼맨한 것이 한 개 20~30달러나 하고, 손가방 하나면 몇만 달러가 된다고 합디다. 그런데 우리는 지금도 면직물밖에 수출하지 못하니…. 차로 한 곳간을 채워도 손가방 하나만큼도 못하니….
내 이래서 김 박사를 보자고 한 겁니다. 김 박사, 우리나라도 전자
공업을 육성하고 싶은데 도와주시오."

이후 12년 동안 박정희는 자주 안부 편지를 보내는 등 김완희를
극진히 대우했다. 김완희가 청와대에 들어오면 "우리 김 박사"라고
부르면서 반가워했다. 김완희도 전자공업 발전을 위한 조언을 아
끼지 않았다.

1972년 김완희는 박정희에게 "컬러TV 방영을 허락해 내수시장
을 넓히고 수출 물량도 늘려야 한다"고 건의했다. 김완희의 조언을
늘 경청하던 박정희였지만, 이것은 받아들이지 않았다.

"김 박사, 내가 대통령으로서 가장 듣기 싫은 말이 정부가 잘사
는 사람만 위하고 가난한 사람들은 거들떠보지 않는다는 것이오.
흑백TV도 없는 사람이 많은데 그보다 훨씬 비싼 컬러TV가 나오면
없는 사람들은 더 비참한 생각을 갖게 될 거요. 나도 물론 청계천
다리 밑에 사는 사람들까지 다 잘살게 해줄 수는 없지만, 못사는
사람들이 더 초라한 생각을 갖게 하기는 싫소."

김완희는 1979년에도 박정희 대통령에게 컬러TV 방영 허가를
요청하는 편지를 써서 부쳤다. 박정희는 그 편지를 읽어보지 못했
다. 그날은 10월 26일이었다.

070

/

닉슨 독트린과
미(美) 7사단 철수

2차 대전 후 지속된 미국과 소련을 중심으로 한 동서 냉전 체제는 1970년대 들어서면서 변화를 맞게 된다. 자유민주 진영과 공산 진영 간에 평화공존 체제의 필요성이 대두한 것이다. 이런 국제 정세 변화는 미국에 닉슨 행정부가 등장하면서 급속하게 진행됐다.

1969년 취임한 닉슨은 지지부진하게 전개되는 베트남 전쟁에서의 출구 전략을 찾고 있었다. 미국 내에서 고조되고 있는 베트남 전쟁에 대한 반전 분위기를 외면할 수 있는 처지가 아니었다. 닉슨은 미국이 과거처럼 냉전의 한 축으로서 아시아의 공산화를 방지하는 적극적 역할을 수행하기는 어렵다는 인식을 갖고 있었다.

닉슨 행정부는 아시아에서 발을 빼기 위해서는 공산국가인 중국과의 관계를 개선하는 한편 일본의 역할을 동반자적 수준으로 격상시키는 것이 필요하다고 판단했다. 미국의 역할을 상대적으로

축소시켜야 했기 때문이다. 닉슨은 대아시아 정책의 변화를 독트린 형태로 선포했다.

1970년 2월 닉슨은 국회에 외교교서를 보내어 닉슨 독트린을 공식적으로 세계에 알렸다. 아시아 각국이 스스로 안보를 책임질 수 있어야 하고, 미국은 다만 동맹국이나 중요한 관계가 있는 국가들에 핵우산을 제공한다는 것이 주요 내용이었다.

닉슨은 월남전 종결을 선언하는 한편 71년 봄까지 50만 파월 미군 중 30만을 철수시킨다는 발표를 했다. 닉슨 행정부는 '베트남전의 베트남화(Vietnamization of the Vietman War)'라는 표현을 썼다. 한국에 대해서도 '한국 안보의 한국화(Koreanization of Korean Security)'가 추진돼 미군 철수 및 감축이 이루어졌다.

박정희 대통령에게는 이런 미국의 변화는 큰 충격이었고 자주국방에 박차를 가하게 하는 계기가 됐다. 미국은 닉슨 독트린에 의한 한국군 현대화 5개년계획에 15억 달러의 예산을 편성했지만 이는 태부족이었고 박 대통령은 부족한 재원을 조달하기 위해 1975년에 방위세를 신설했다. 방위세는 1980년까지 자주국방에 큰 공헌을 했다.

071
/
새마을운동

1969년 8월 4일, 박정희 대통령은 수해복구 현장을 살피기 위해 기차를 타고 부산으로 향하던 중 한 마을에서 내렸다. 경북 청도읍 신도1리 어귀였다. 박 대통령은 말끔하게 개량된 지붕과 잘 닦인 마을 안길에 깊은 감동을 받았다. 박 대통령을 더욱 놀라게 한 것은 수해 현장을 마을 사람들이 합심하여 복구를 하고 있었다는 점이다.

박 대통령은 그 자신이 가난한 농촌에서 태어났기 때문에 가난을 타파하겠다는 의지와 집념이 남달랐다. 박 대통령은 1970년 4월 22일 열린 전국지방장관회의에서 수해복구 현황을 살피기 위해 부산으로 가다가 들렀던 신도마을의 사례를 수차례 소개하며 새마을운동의 당위성을 역설했다.

"하늘은 스스로 돕는 자를 돕습니다. 농민들이 자발적으로 나서서 4000년 묵은 가난을 몰아내도록 의욕을 불러일으켜야 합니다. 먼저 농촌의 생활환경을 바꾸는 새마을 가꾸기 사업부터 벌여봅시다."

마침 그해 여름 생산 과잉으로 시멘트가 쌓였다. 박 대통령은 이 재고 시멘트를 1971년 전국 3만3267개 행정리동(行政里洞)에 335 포대씩 균일적으로 무상 지원했다. 이 시멘트로 각 마을마다 하고 싶은 사업을 자율적으로 하도록 했다. 결과는 두 가지 형태로 나타났다. 첫째는 정부가 무상 공급한 시멘트로 마을 주민들이 자체 노력과 자체 자금을 투입해 마을이 필요로 하는 숙원사업을 이뤄낸 경우이고, 둘째는 시멘트를 무상으로 공급받았지만 뚜렷한 사업을 하지 못한 경우였다.

정부는 성과가 있는 1만6600개 마을에 대하여 또다시 시멘트 500포대와 철근 1t씩을 무상 공급하면서 자발적인 협동 노력을 장려했다. 박 대통령의 "잘하는 마을만 더 지원하라"는 지침에 따른 것이었다.

그 후 농민들의 잘살기 운동으로 시작한 새마을운동은 공장, 학교 등으로 번져 전 국민적 운동으로 확산됐다. 그 결과 새마을운동은 국력신장의 또 다른 동력이 됐고, 국민의 정신계발은 물론 소득 증대 사업 및 사회개발 사업 등에서 상당한 성과를 이루어냈다.

1972년 4월 마을길 넓히기 사업에 나선 어느 농촌 마을 주민들.
박정희 대통령은 잘하는 마을을 더 지원하는 방식으로 새마을운동을 이끌었다.

072
/
7대 대통령 선거 —
"표를 달라는 연설은 이게 마지막"

박정희 대통령은 1971년 4월 26일, 3선에 도전하는 7대 대통령 선거를 하루 앞두고 서울 장충단 공원에서 마지막 연설을 했다.

"요즈음, 우리나라 야당 사람들이 나에 대한 인신공격을 하는 가운데서 이런 소리를 하고 있는 것 같습니다. '이번에 또다시 박 대통령을 뽑아주면 총통제를 만들어 앞으로 박 대통령이 죽을 때까지 대통령을 해먹을 것이다' 이렇게 얘기합니다.

유권자 여러분! 오늘 이 자리에서 분명히 말씀드리거니와, 내가 이런 자리에 나와서 여러분에게 '나를 한 번 더 뽑아주시오' 하는 정치 연설은 이것이 마지막이라는 것을 확실히 말씀드립니다."

대선을 사실상 총괄적으로 지휘하고 있었던 이후락 정보부장은 전날 박 대통령이 부산 유세를 끝내고 열차편으로 서울역에 도착했을 때 마중을 나갔다. 같은 차를 타고 청와대로 가는 도중에 이

1971년 4월 15일 제7대 대선 춘천유세장에서
김종필씨가 육영수 여사에게 신문으로 접은 모자를 씌워주고 있다.

부장은 "내일 유세 때는 꼭 '이번이 마지막 출마다'라는 말씀을 해 주셔야 합니다"라고 했다. 박 대통령은 "지방 유세의 분위기가 좋았는데 무슨 그런 소리를 하느냐"며 기분 나빠했다. 이 부장은 장충단 공원 유세장으로 가는 박 대통령에게 다시 "각하, 어제 그 전언 꼭 하십시오"라고 졸랐다. 그는 선거 추이를 분석한 결과를 보고하면서 "결코 낙관적이지만은 않다"고 말했다. 그런 후 박 대통령의 "이게 마지막"이라는 연설이 있었던 것이다.

언론은 이날 박 후보가 불출마 약속을 했다고 보도했지만 박정희 대통령은 그런 약속을 하지 않았다. 자신을 한 번 더 뽑아달라는 연설을 하지 않겠다는 것이지 대통령을 세 번만 하고 그만두겠다고 못을 박지는 않았던 것이다. 언론은 박 대통령의 속생각을 눈치 못 채고 '4선 불출마 선언'이라고 보도했던 것이다.

이날 연설을 분석하면 박 대통령이 마음속으로는 헌정을 중단시키는 일대 결심을 하고 있었음을 알 수 있다. 이날 박 대통령은 국민들을 속이지 않으려고 애썼던 것이다. 유신으로 가는 출발이었던 것이다.

073
/
4인 체제의
종말

7대 대통령 선거가 치러진 직후인 1971년 5월 25일. 이날은 제8대 국회의원 선거가 치러졌다. 이 총선의 결과는 야당인 신민당의 약진이었다. 공화당이 113석, 신민당이 89석이었다. 선거의 결과는, 공화당 창당을 주도했던 김종필계의 구(舊)주류는 크게 약화된 반면, 김성곤으로 대표되는 5·16 이전의 구 정치인들과 손을 잡은 길재호 같은 혁명 주체들이 주도권을 잡은 것처럼 보였다.

이 신(新)주류는 흔히 '4인 체제'로 불렸는데 백남억 당의장, 김성곤 재정위원장, 길재호 사무총장, 김진만 원내총무가 그들이었다. 이들 4인 체제는 박 대통령을 위해 3선 개헌에 앞장섰고 1971년에 들어서는 대통령 선거와 국회의원 선거를 주도하면서 영향력이 더욱 커졌다.

깔끔하고 소박한 박 대통령과 4인 체제로 상징되는 구 정치인들은 생래적으로 맞지 않는 면이 있었다. 박 대통령은 돈과 이권이 오가는 여야 정치인들의 밤낮이 다른 모습에 대한 보고를 받을 때마다 이를 이용하고 허용할 수밖에 없는 자신에 대해 자존심이 상했다.

박 대통령은 4인 체제 견제를 위해 김종필을 국무총리에 기용하는 한편 오치성을 내무장관에 앉혔다. 당시 야당인 신민당은 김학렬 부총리 겸 경제기획원 장관, 신직수 법무장관, 오치성 내무장관에 대한 해임결의안을 냈는데 '오치성 인사'에 불만을 가지고 있던 4인 체제 중 김성곤과 길재호가 오 장관 해임에 찬성하고 나섰다. 국회 본회의에서는 결국 오치성 장관에 대한 해임안이 통과됐다.

결과를 보고받은 박 대통령은 백남억 의장에게 전화를 걸었다.

"백 의장, 철저히 조사하시오. 조사를 해가지고 길재호고 누구고 다 처벌토록 하시오."

전화를 끊었던 박 대통령은 다시 전화를 걸어 "김성곤도 빼지 마라!" 하고는 전화를 끊었다고 한다.

이날 밤 김성곤, 길재호 등 공화당 의원 30여 명이 정보부로 연행돼 조사를 받았고, 반란의 두 지휘관이었던 김성곤과 길재호는 의원직을 사퇴했다. 4인 체제의 종말이었다.

074

/

이후락의 방북과
7 · 4공동선언

7 · 4남북공동선언이 나오기까지 남북한은 1971년 11월부터 72년 3월까지 한국 적십자사의 정홍진과 북한 적십자회의 김덕현을 실무자로 판문점에서 비밀접촉을 가졌다. 이 접촉에서 성과가 있자 72년 5월 초에는 이후락 중앙정보부장의 평양 방문이 있었다. 5월과 6월 사이에는 북한 노동당 조직지도부장 김영주를 대신한 박성철 제2 부수상의 서울 방문이 실현됐다. 남북한 간의 정치적 의견 교환이 처음 이루어진 것이다.

이후 6월 29일 이후락 부장과 김영주는 그동안의 회담 내용에 합의, 서명한 후 72년 7월 4일 마침내 서울과 평양에서 공동성명을 발표하게 되었다.

이 성명에서 남북은 통일의 원칙으로 ▲외세(外勢)에 의존하거나 외세의 간섭을 받음이 없이 자주적으로 해결하여야 한다. ▲서로

비밀리에 방북하여 김일성과 만난
이후락 중앙정보부장은
북한 측과 7·4남북공동성명에 합의했다.

1972년 7월 4일
7·4공동성명을 발표하는
이후락 중앙정보부장.

상대방을 반대하는 무력행사에 의거하지 않고 평화적 방법으로 실현하여야 한다. ▲사상과 이념 및 제도의 차이를 초월하여 우선 하나의 민족으로서 민족적 대단결을 도모하여야 한다고 밝혔다. 자주·평화·민족대단결의 3대 원칙을 공식 천명한 것이다.

박정희 대통령은 이 남북공동선언에 대해 어떤 생각을 가지고 있었을까. 7·4공동선언 후 박 대통령이 군 지휘관들에게 보낸 친서에서 그 생각의 일단을 읽을 수 있다. 박 대통령은 7·4공동선언 이후의 남북 관계를 '대화 있는 대결'로 보고 있었다.

… 이제 '대화 있는 대결'로 접어드는 이 시점에서 나는 국토방위의 막중한 책임을 맡고 있는 군 지휘관 여러분에게 다음 몇 가지 사항을 특별히 강조하고자 합니다.

북한 공산주의자들과의 대결에 있어서 이제부터 시작되는 '대화 있는 대결'은 어느 의미에서는 지금까지의 '대화 없는 대결'보다도 오히려 더 복잡하고 어려운 일입니다. 새로운 시련에 직면하는 이런 때일수록 우리는 확고한 자신을 가지고 민족적 자각을 바탕으로 더욱 굳게 단결해야 하겠습니다. 만의 일이라도 '대화'가 '평화'나 '통일'을 가져오는 것으로 착각하여, 동요하거나 안이한 생각에 사로잡히는 일이 있어서는 결코 아니 되겠습니다.…

제5부

초인의 황혼

075
/
10월
유신

박정희 정부는 1972년 10월 17일 오후 7시 비상계엄령을 선포하고, 4개 항의 '특별선언'을 발표했다. 첫째, 국회해산 및 정치활동을 중지하고, 일부 헌법의 효력을 중지한다. 둘째, 정지된 헌법의 기능은 비상국무회의가 대신한다. 셋째, 평화통일 지향의 개정헌법을 1개월 내에 국민투표로 확정한다. 넷째, 개정헌법이 확정되면 연말까지 헌정질서를 정상화한다.

비상국무회의는 27일 헌법 개정안을 공고했다. 국민투표는 11월 21일에 실시됐다. 91.9%의 투표율과 91.5%의 찬성이었다. 유신헌법(維新憲法)이 국민투표로 확정된 것이다. 박 대통령은 유신헌법에 따라 통일주체국민회의 대의원들에 의한 간접선거로 제8대 대통령에 당선돼 그해 12월 27일에 정식 취임했다.

박정희 대통령은 5·16에 이어 왜 두 번째 쿠데타를 일으켜야 했을까. 72년 10월 27일 박 대통령이 발표한 '헌법 개정안 공고에 즈음한 특별담화문'에서 그 생각의 일단을 읽을 수 있다. 박 대통령은 이 담화에서 자신의 정치 철학을 밝히고 있다.

　　남의 민주주의를 모방만 하기 위하여 귀중한 우리의 국력을 부질없이 소모하고만 있을 수는 없습니다. 몸에 알맞게 옷을 맞추어서 입는 것과 마찬가지로 우리의 역사와 문화적 전통, 그리고 우리의 현실에 가장 알맞은 국적 있는 민주주의적 정치 제도를 창조적으로 발전시켜서 신념을 갖고 운영해 나가야 할 것입니다. 이 헌법 개정안은, 능률을 극대화하여 국력을 조직화하고 안정과 번영의 기조를 굳게 다져나감으로써 민주주의 제도를 우리에게 가장 알맞게 토착화시킬 수 있는 올바른 규범임을 확신합니다.

　박 대통령은 유신체제라고 불리게 될 새 제도를 '능률적인 민주적 정치'라고 표현하기도 했다. 우리 귀에 익숙한 '한국적 민주주의의 토착화'라는 말은 그렇게 탄생한 것이다.

　이날 열린 국무회의에서는 사실상의 쿠데타인 이 조치를 '10월 유신으로 개념화하여 모든 유신 작업을 진행할 것'을 의결했다. 당시 이 헌법을 유신으로 작명(作名)한 이는 국민교육헌장을 기초했던 철학자 박종홍과 임방현 두 특별보좌관이다.

076

/

중화학공업화
정책 선언

1973년 1월 12일 박정희 대통령은 연두 기자회견에서 대한민국의 새로운 미래 비전을 제시한다. 중화학공업화 정책이 그것이다.

"나는 오늘 이 자리에서 우리 국민 여러분에게 경제에 관한 하나의 중요한 선언을 하고자 합니다. 우리나라 공업은 이제 바야흐로 '중화학공업시대'에 들어갔습니다. 따라서 정부는 이제부터 '중화학공업 육성'의 시책에 중점을 두는 '중화학공업정책'을 선언하는 바입니다."

그러나 IBRD(세계은행)와 IMF(국제통화기금)가 "한국은 저임금의 이점을 살려 노동집약적인 경공업 제품이나 만들어야지 자본이 많이 들고 고도의 기술을 요하는 제철이나 자동차 공업에 손을 대서는 안 된다"며 강하게 반대했다. 어쩔 수 없이 내자(內資)에 눈을 돌려야 했던 박정희 정부는 1973년 12월 국민투자기금법을 제정해 국내 가용자금이 중화학공업 육성에 쓰이도록 했다. 국민의 광범위한 저축과 참여를 바탕으로 중화학공업 육성에 필요한 자금을 공개적으로 조달하겠다는 취지였다. '기금'은 금융기관별로 예금의 일정 범위 내에서 출연하도록 했다.

1973년 12월에는 산업기지개발촉진법을 제정해 중화학공업 육성의 전초기지 역할을 수행할 '산업기지개발공사'를 신설했다. 산업기지개발공사는 1974년 4월부터 1979년까지 창원, 여천, 온산, 안정, 구미, 포항, 북평, 아산 등에 8개 산업단지를 건설하는 데 기여했다.

이처럼 업종별 산업단지 건설, 국민투자기금 조성 등 정부의 적극적인 육성 시책에 힘입어 경공업 우위의 산업구조는 점차 중화학공업 우위로 바뀌어 갔다.

우리나라의 경제발전은 중화학공업화 정책의 과감한 추진과 수행에 있다고 해도 과언이 아니다. 혹자는 우리나라의 경제가 성공했다고 하면서도 중화학공업 정책에 대해서는 비난한다.

박정희 대통령의 중화학공업화 정책이 실패했다면 지금의 우리나라는 어떻게 됐을까. 이 정책이 실패했다면 한국의 산업 정책은 실패했을 것이다. 오늘의 경제적 번영을 누릴 수 없었다는 얘기다.

077

/

윤필용
사건

박정희 대통령을 가장 오랫동안 모신 측근이자 군부 내 실력자이던 윤필용(尹必鏞) 당시 수경사령관이 육군보안사령부에 연행된 것은 1973년 3월 9일이다.

육군보통군법회의는 그해 4월 28일 비공개 재판 끝에 윤필용 소장, 손영길 준장 등 10명의 장교에 대해 유죄 판결을 내렸다. 군내의 윤필용 장군 계열에 대한 숙청이 이루어진 것이다.

윤필용 장군 계열의 숙청은 박정희 대통령이 갖고 있던 권력자 고유의 의심과 불안을 반영한다. 박 대통령은 윤 장군 계열에 대한 숙청이 이루어지기 한 해 전 7·4공동선언 이후 이후락 정보부장의 대중적 인기가 높아지는 것을 주시하고 있었다. 이 부장은 박 대통령의 지시에 따라 10월 유신도 기획·실행했고, 많은 여당 국회의원 후보를 추천하는 등 새로운 정치판을 짜는 데 큰 영향을 끼쳤다.

박 대통령은 권력의 4대 파수꾼인 정보부장, 육군보안사령관, 수경사령관, 경호실장을 서로 견제케 해 놓음으로써 권력의 안정을 꾀했다. 그런데 윤 장군과 이 부장의 측근이 나서서 두 사람을 가깝게 만들고 있었다.

윤필용 사건의 단초는 1972년 말 또는 73년 초에 있었던 뉴코리아골프장에서 당시 《서울신문》 사장이었던 신범식씨의 '후계자' 발언으로 알려진다. 이날 이 골프장에서 한 코스를 돈 뒤 박 대통령과 박종규 경호실장, 신범식 사장이 담소를 나누다가 신 사장이 느닷없이 이런 말을 꺼냈다고 한다.

"각하께서 연만하시니 더 노쇠하시기 전에 후계자를 키우셔야 한다는 이야기들이 많습니다. 이후락 부장이 후계자로 좋다는 이야기도 있습니다."

처음에는 이 이야기를 대수롭지 않게 여기던 박 대통령이 골프를 마친 후 역정을 내며 "누가 그런 소리를 했느냐, 이후락이가 그랬냐"며 신 사장에게 물었다. 박종규 경호실장이 권총까지 들이대며 "이름을 대라"고 하자 신 사장은 결국 윤필용 장군의 이름을 언급했다.

그 후 윤필용 장군 계열의 장교들이 숙청됐고 이 숙청은 정보부로도 이어져 이후락 부장의 고향 후배인 이재걸 감찰실장이 구속되었고 30명이 해직됐다. 이 실장은 동향인 손영길 수경사 비서실장과 함께 윤 장군과 이 부장을 서로 연결시켜 준 인물이었다.

078
/
김대중
납치 사건

1973년 8월 8일 일본 도쿄에서 한국의 야당 지도자 김대중이 납치되는 사건이 발생, 한일 양국이 발칵 뒤집혔다. 당일 김대중은 도쿄 팔레스 호텔에서 통일당 당수(黨首) 양일동과 점심을 먹고 나와 엘리베이터 쪽으로 가고 있었다. 그때 갑자기 뛰쳐나온 괴한들이 김대중을 납치해 오사카 외항에 정박 중이던 용금호에 감금해 버렸다. 용금호는 곧바로 부산으로 향했다. 곧이어 이 괴한들은 이후락이 이끄는 중앙정보부의 요원들로 밝혀진다. 훗날 용금호 선원들은 배에서 김대중이 구타를 당했다거나 그의 몸에 돌을 매달아 수장하려 했다는 일부의 주장을 부인했다.

같은 날 오후, 박정희 대통령은 점심을 먹고 집무를 보려던 참이었다. 그때 김정렴 비서실장이 황급히 집무실로 들어왔다. "각하, 김대중씨가 도쿄에서 납치되었답니다." "뭐야?" 보고를 받은 박정희는 깜짝 놀랐다. 8월 13일 오후 3시경 이후락이 박정희에게 김대중 납치를 실토했다. 이날 상황에 대해 김종필 전 총리는 "박정희를 만나러 집무실에 가니 '임자는 몰랐어?'라며 화가 잔뜩 나 있었다"고 기억했다.

박정희는 정보부의 이용택 수사국장을 따로 불러 이 사건의 진상조사를 은밀하게 지시했다. 이용택은 "그 순간 박 대통령이 DJ 납치 사건에 개입하지 않았음을 알 수 있었다"고 말했다. 이용택이 직접 이후락에게 진상을 묻자 그는 "김대중이 일본에서 망명정부를 세우려 한다는 정보를 입수하고, 망명정부 수반 자격으로 북한에 가기 전 먼저 손을 써서 김대중을 잡아왔다"고 말했다. 보고를 받은 박정희는 "이 자가 나를 완전히 망칠 작정이구면" 하며 낙담했다. 관련된 모든 이의 증언을 종합하면 DJ 납치 사건은 해외에서의 김대중의 언동에 대해 박정희가 신경질을 내자 이후락이 이를 납치 지시로 오해해 '과잉 충성'을 했을 개연성이 높다.

079

/

마탄(魔彈)의 사수(射手) —
문세광의 저격 미수 사건

재일교포 문세광(文世光)에 의한 '박정희 대통령 저격 미수 사건'은 1974년 8월 15일 발생했다. 이날 문세광은 광복절 행사가 열린 국립극장 맨 뒷줄에 앉아 있었다.

문세광에 의한 저격이 일어나기 직전 박 대통령은 공교롭게도 북한 측에 불가침조약을 제의하고 있었다.

"나는 오늘 이 뜻깊은 자리를 빌어서 조국통일은 반드시 평화적인 방법으로 이루어져야 한다는 것을…"

그 순간 '픽' 하는 소리가 들렸지만 당시 경호실장 박종규는 전구(電球)가 깨지는 소리인 줄 알았다고 한다. 이 '픽' 하는 소리는 문세광이 권총을 뽑으면서 오발, 총알이 그의 왼쪽 허벅지를 관통하는 소리였다. 문세광은 오발 후에도 포기하지 않고 박 대통령을 저격하기 위해 박 대통령이 연설 중인 연단으로 뛰어가며 총을 발사했다. 이 총탄은 박 대통령이 연설하던 연설대를 맞췄다.

세 번째 총탄은 불발이 됐고, 아수라장이 된 사이 네 번째 발사한 총탄이 단상에 앉아 있던 육영수 여사의 머리를 관통했다. 육 여사는 서울대병원으로 실려 갔지만 결국 이 총탄에 의해 사망했다. 문세광은 그날 행사에 참석한 시민이 발을 걸어 넘어뜨림으로써 그 자리에서 체포됐다.

문세광은 재일교포로 일본 경찰서에서 권총을 훔쳐 범행에 사용했다. 이 일로 한국과 일본 간에 외교마찰이 일어났다. 한일 간에는 이 사건 발생 1년 전 일어난 김대중 납치 사건으로 인해 조성된 긴장이 폭발 직전에 이르러 있었다. 이런 상황에서 한국은 문세광에 의한 박 대통령 저격 미수 사건을 김대중 납치 사건으로 수세에 몰려 있던 외교적 상황을 역전시키기 위한 계기로 삼으려 하기도 했다.

조사에 착수한 조사당국은 문세광의 배후로 조총련과 조총련 산하 한국청년동맹을 지목했고, 특히 북한 김일성의 지령에 따른 것이라고 발표했다. 문세광은 9월 12일 내란목적 살인과 국가보안법 위반 등 6개 죄목으로 기소돼, 12월 17일 대법원에서 사형이 확정됐다. 그로부터 3일 뒤인 12월 20일 오전 7시30분 서대문구치소에서 사형이 집행됐다.

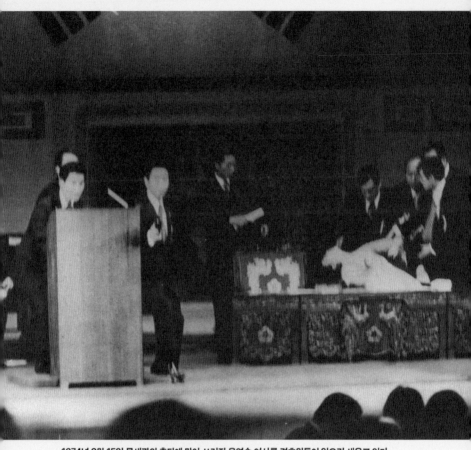

1974년 8월 15일 문세광의 총탄에 맞아 쓰러진 육영수 여사를 경호원들이 일으켜 세우고 있다.

1974년 8월 19일 청와대를 떠나는 영구차를 배웅하는 박정희 대통령.

080

/

문세광의 입을 연
검사 김기춘

박정희 대통령 저격 미수 사건의 범인 문세광은 체포돼 중앙정보부로 끌려간 이후 입을 열지 않고 버텼다. 굳게 닫힌 문세광의 입을 열게 한 이는 당시 중앙정보부에 파견 나가 있던 김기춘(金淇春) 검사였다. 훗날 법무부 장관과 박근혜 정부의 비서실장을 지낸 인물이 바로 그다. 당시 그는 정보부장 보좌관을 맡고 있었다.

김 검사가 문세광의 입을 연 계기는 소설《자칼의 날》이었다. 영국 출신의 작가 프레드릭 포사이드가 쓴 이 소설은 역사적 사실을 기초로 한 추리 소설이다. 여섯 차례나 암살당할 뻔했던 드골 전 프랑스 대통령의 파란만장한 일생을 그렸다. 프랑스 경찰의 포위망을 뚫고 드골을 암살하려는 자칼과 이를 추적하는 형사 루베르의 사투가 이야기의 중심이다.

사건 발생 다음날인 8월 16일 신직수 정보부장은 김 검사를 불렀다.

"범인이 어제부터 서른 시간 이상 입을 열지 않고 있다. 내가 청
와대 대책회의에 나가서도 할 말이 없다. 김 검사가 범행동기와 배
후를 캐내 봐라."

김 검사는 마침 그해 여름휴가 때 《자칼의 날》을 읽었다고 한다.
김 검사는 링거를 맞으면서 중앙정보부 남산 분실에서 조사를 받
고 있는 문세광과 마주했다. 일본어 통역을 대동하고서였다. 그는
곰곰이 생각해 둔 첫 질문을 던졌다.

─ 소설 《자칼의 날》을 읽었지요.

"읽었습니다. 센세이(先生)도 읽었습니까."

─ 나도 읽었소. 그런데 당신이 바로 자칼이 아니오.

"그렇습니다. 내가 바로 자칼입니다."

이야기의 실마리가 풀리자 김 검사는 본론으로 들어갔다.

─ 당신의 사상은 무엇인가.

"나는 공산주의를 신봉합니다. 나는 공산혁명을 이룩할 한 수단
으로 여기에 왔습니다."

─ 그렇다면 혁명가답게 당당하게 자신의 행위를 설명하라. 왜 비겁하게 말
을 하지 않는가.

이 뒤로 문세광은 자신이 조총련 오사카 서(西)지부 정치부장 김
호룡의 지시를 받았다는 사실, 그로부터 자금을 지원받은 일 등 사
실을 밝히기 시작했다고 한다.

081

/

시인
박정희

육영수 여사가 문세광의 흉탄에 서거한 뒤 박정희 대통령은 시를 많이 썼다. 조강지처를 잃은 적적함이 그의 문인적 기질을 일깨웠다. 육 여사 장례식을 치른 다음날인 1974년 8월 20일, 박 대통령은 차지철 의원을 청와대로 불렀다. 차기 경호실장에 임명하겠다고 통보한 그날 밤 대통령은 이런 시를 남겼다.

한 송이 흰 목련이 바람에 지듯이
상가(喪家)에는 무거운 침묵 속에
씨롱 씨롱 씨롱 매미 소리만이
가신 님을 그리워하는 듯
팔월의 태양 아래
붉게 물든 백일홍이

마음의 상처를 달래주는 듯
한 송이 흰 목련이 봄바람에 지듯이
아내만 혼자 가고 나만 남았으니
단장(斷腸)의 슬픔을 어디다 호소하리

그로부터 열흘이 지난 8월 31일 밤 박 대통령은 '추억의 흰 목련 유방천추(遺芳千秋)'라는 시도 썼다.

하늘도 울고 땅도 울고
산천초목도 슬퍼하던 날
당신의 마지막 가는 길을 지켜보는
겨레의 물결이 온 장안을 뒤덮고
전국 방방곡곡에 모여서 빌었다오

가신 님 막을 길 없으니
부디부디 잘가시오
편안히 가시오
영생극락하시어
그토록 사랑하시던
이 겨레를 지켜주소서

불행한 자에게는 용기를 주시고

슬픈 자에게는 희망을 주고

가난한 자에게는 사랑을 베풀고

구석구석 다니며 보살피더니

이제 마지막 떠나니

이들 불우한 사람들은 그 따스한 손길을 어디서 찾아보리

그 누구에게 구하리

극락천상에서도 우리를 잊지 말고

길이길이 보살펴주오

우아하고 소담스러운

한 송이 흰 목련이

말없이 소리 없이 지고 가버리니

꽃은 져도

향기만은 남아 있도다

　박정희 대통령은 9월 1일과 9월 4일에도 아내를 생각하며 시를 썼다. 시를 쓴 시각은 항상 밤이었다. 한때 청와대에서의 부부싸움을 세간에선 육박전(陸朴戰)이라고 불렀다. 肉薄戰이 아닌 대통령 부부의 성을 따 만든 이름이었다. 아내를 잃은 뒤 처음 맞은 추석, 대통령은 오전 7시 동작동 국립묘지에 묻힌 아내의 묘소를 찾은 뒤

감상을 그날 밤 시로 남겼다. 그 마지막 부분을 본다.

당신도 잘 있었소
홀로 얼마나 외로웠겠소
(중략)
당신이 그리우면 언제나 또 찾아오겠소
고이 잠드오, 또 찾아오고 또 찾아올 테니
그럼 안녕!

1974년 4월 8일
진해 벚꽃길을 산책하는
육영수 여사.
박정희 대통령이
직접 찍은 사진이다.

082
/
북한
땅굴

1975년 3월 20일 중부전선 철원(鐵原) 북방에서 북한의 제2 땅굴이 발견됐다는 발표가 있었다. 대통령은 그날 청와대 본관 식당에서 비서진과 함께 식사를 했다. "철원에서 또 땅굴이 발견됐다면서?"라고 말문을 연 대통령은 김일성의 전략을 '국제적으로 망신스러운 일'이라고 말했다.

"아무리 공산주의라 해도 하는 식이 원시적이고 서툴러 같은 한민족으로서 국제적으로 망신스러운 생각이 들어. 남침을 하려거든 당당하게 할 것이지 그런 짓은 왜 해? 수천 년 전부터 해온 땅굴 작전에 아직도 미련이 남아서…. 외국인들이 이것을 보고 원시적인 싸움밖에 모르는 저능아라고 할 것 같아. 나는 그들이 변칙적인 공격을 해온다 해도 정규전으로 대응할 것이야. 정 그렇게 기습을 하고 싶으면 내게 와서 작전을 물어보면 한 수 가르쳐줄 텐데, 허허허."

그해 4월 29일 박 대통령은 '국가안보와 시국에 관한 특별 담화'를 발표했다.

우리에게 어떤 약점이 생기거나 우리가 약하다고 그들이 보았을 때 지금까지 체결한 협정이니 하는 것은 하루아침에 휴지처럼 내동댕이치고 무력을 가지고 덤벼드는 것이 바로 공산주의자들입니다. 병력이나 장비가 우세했던 월남은 집안싸움만 하다가 패전을 당한 것입니다. 만약에 앞으로 북한 공산집단이 전쟁을 도발해 온다면 우리가 사는 수도 서울은 절대로 철수를 해서는 안 됩니다. 전 시민이 이 자리에 남아서 사수해야 합니다. 정부도 650만 시민 여러분과 함께 사수를 할 것입니다. 전방은 우리 군인들이 일보도 양보하지 않고 국토를 사수할 것이고 서울은 우리 시민들이 사수해야 할 것이고 후방은 후방에 사는 국민들이 제각기 내 고장, 내 마을, 내 가정을 사수해야 합니다. 겁부터 집어먹고 나만 살겠다고 보따리를 싸가지고 염치 없는 행위를 하는 국민들이 있다면 이 전쟁에서 우리는 이길 수 없습니다. 60만 국군, 주한미군, 270만 향토예비군, 3500만 국민이 있는데 왜 우리가 나라를 지키지 못하겠는가, 지키지 못할 이유가 하나도 없습니다.

083
/
월남
패망

1975년 4월 30일 월남(越南)이 패망했다. 그날 월맹군 탱크가 월남 수도 사이공의 대통령 관저 독립궁 철문을 부수고 들어가 월맹 깃발을 올렸다. 그 시각 박 대통령은 수출진흥확대회의를 주재하고 있었다. 회의가 열리던 중앙청에서 대통령은 "월남이 무조건 항복하는 과정을 똑똑히 목격했을 줄 압니다"라며 말했다.

"월남에서 반정부 운동을 하던 인사들이 지금 피란길을 걸으면서 무엇을 생각하고 있는지 궁금합니다. 공산군은 처음에는 티우 대통령만 물러나면 모든 것이 해결된다고 하더니 후임 홍 대통령도 물러나라고 했고 민 대통령이 들어서자 그와는 협상하지 않겠다고 했습니다."

그날 밤 대통령은 일기를 썼다.

월남공화국이 공산군에게 무조건 항복. 참으로 비통함을 금할 수 없다. 한때 우리 젊은이들이 파병되어 월남 국민들의 자유수호를 위하여 8년간이나 싸워서 그들을 도왔다. 연(延) 파병 수 30만명. 이제 그 나라는 멸망하고 월남공화국이란 이름은 지도상에서 지워지고 말았다. 참으로 비통하기 짝이 없다.

　자기 나라를 자기들의 힘으로 지키겠다는 결의와 힘이 없는 나라는 생존하지 못한다는 엄연하고도 냉혹한 현실과 진리를 우리는 보았다. 남이 도와주려니 하고 그것만을 믿고 나라 지키겠다는 준비를 갖추지 못하고 있다가 망국의 비애를 겪는 역사의 교훈을 우리는 눈으로 보았다.

　조국과 민족과 나 자신을 지키기 위해서는 여하한 희생도 불사하겠다는 결의와 힘을 배양하지 않으면 망국하고 난 연후에 아무리 후회해 봤자 후회막급일 것이다. 충무공의 말씀대로 '필사즉생(必死則生) 필생즉사(必生則死)'다. 이 강산은 조상들이 과거 수천 년 동안 영고성쇠를 다 겪으면서 지켜오며 이룩한 조상의 나라이다. 조국이다. 우리가 살다가 이 땅에 묻혀야 하고 길이길이 우리의 후손들에게 물려주어서 지켜나가도록 해야 할 소중한 땅이다. 영원히 영원히 이 세상이 끝나는 날까지 그날까지 지켜가야 한다. 저 무지막지한 붉은 오랑캐들에게 더럽혀져서는 결코 안 된다. 지키지 못하는 날에는 다 죽어야 한다. 죽음을 각오한다면 결코 못 지킬 리 없으리라.

084
/
대통령긴급조치
9호

1974년 5월 13일 월남을 탈출한 교민들을 태운 두 척의 해군 LST
가 부산항에 들어왔다. 그날 박정희 대통령은 계엄령에 준하는 긴
급조치 9호를 선포했다. 일체의 반(反)정부활동에 종지부를 찍는
'긴급조치 9호 시대'가 열린 것이다. 긴급조치 9호가 금지한 행위는
유언비어 유포·유신헌법 부정, 반대, 선동, 왜곡행위·학생들의 정
치적 집회, 시위가 모두 포함됐다. 이 조치를 위반한 자는 영장 없이
체포·구금될 수 있었다. 국회의원이 한 발언은 면책이 되지만 이를
보도하거나 전파한 행위는 처벌받을 수 있었다. 당연히 언론은 이
무시무시한 긴급조치 9호에 침묵할 수밖에 없었다.

인도차이나 반도의 적화가 현실화되자 다음 차례는 한반도가
아니냐는 국민적 불안이 증대됐다. 대통령은 긴급조치 선포에 즈
음한 특별담화를 발표했다.

북한 공산집단이 작금의 비극적인 인지(印支·인도차이나)사태에 편승하여 남침이 가능하다고 오판할 우려가 증대되었다. 미증유의 난국에 처해 국민 각자가 해야 할 일은 불필요한 국력낭비와 국론분열, 그리고 국민총화를 저해하는 일체의 행위에 종지부를 찍는 일이다.

　　박 대통령은 월남사태로 시작된 안보위기를 반대세력을 침묵시키는 데 이용했다. 이 효과는 1979년 초까지 약 4년간 지속됐다. 그렇게 벌어들인 4년을 박 대통령은 중화학공업 및 방위산업 건설을 기반으로 하는 자주국방력 강화에 쏟아부었다. 그는 건설회사들이 중동에 진출해 오일머니를 가져오게 한 뒤 그 돈을 국내 경제 건설에 사용하도록 독려했다.

　　월남에서 싸우는 한편 각종 공사와 용역을 해본 경험을 바탕으로 한국 기업은 중동 건설 시장에 대거 진출한다. 한국인 최초의 집단적 해외 진출이었던 월남전에서 배양된 능력은 중동이라는 열사(熱砂)의 땅에서 한국인의 야성을 분출하게 했다.

　　긴급조치 9호에 대한 야당의 반대는 보도조차 될 수 없었다. 박정희 대통령은 긴급조치 9호 시대, 한반도라는 거대한 캔버스 위에 자신의 그림을 완성하려 했다.

085

/

"절간 같은 데 오래 살 생각 없다"
박정희 - 김영삼 회담

1975년 5월 21일 박정희 대통령과 김영삼 신민당 총재는 청와대에서 영수회담을 가졌다. 김 총재는 대통령에게 국민이 직접 대통령을 선출하는 민주회복을 강력하게 요구했다. 박 대통령은 김 총재에게 말했다.

"김 총재님, 저 창밖을 보십시오. 지금 이 넓은 청와대 뜰의 쓸쓸한 모습이 마치 깊은 산중의 절간 같지 않습니까. 마누라는 총에 맞아 죽었습니다. 마누라도 없는 이곳에서 어린 자식들만 데리고 혼자 살고 있는 제가 무슨 욕심이 더 있겠습니까. 나는 지금 김 총재님께 굳게 약속을 하려고 하는데 이 내용에 대해서는 사나이와 사나이의 명예를 걸고 비밀로 해주십시오."

김 총재는 "말씀해 보십시오"라고 답했다. 박 대통령이 말을 이어갔다.

월남 패망 후인 1975년 5월 21일 박정희 대통령은
김영삼 신민당 총재와 만나 여야 영수회담을 가졌다.

"나는 절간 같은 이곳에 더 이상 미련이 없습니다. 대통령 직선제와 민주화를 내가 하겠습니다. 그러나 이것이 알려지면 권력 지향적인 사람들이 새로운 가능성을 향해 난리를 부릴 것입니다. 이런 가능성을 막고 주변 사람들을 설득하며 준비할 시간이 필요합니다. 나에게 시간을 좀 주십시오. 민주화는 꼭 해놓고 물러나겠습니다."

이 비화는 김영삼 전 대통령의 측근이 발간한 책《김영삼과 박정희》에 등장한다. 저자에 따르면 김 전 대통령은 박 대통령과의 약속을 지켰다. 항간에서 박 대통령과 밀약을 맺었다는 소문이 돌았지만 김 전 대통령은 명예를 걸고 박 대통령과의 약속을 지켰다는 것이다.

그러나 두 사람의 사이는 틀어진다. 김영삼은 박정희를 정치공작을 일삼는 독재자로 생각했다. 박정희는 김영삼을 사대적 근성을 가진 위선자로 보고 있었다. 박정희는 독재정권을 혼내준다며 미국의 세계 전략에도 불리한 주한미군 철수정책을 들고나온 카터 미 대통령을 경멸했고, 이런 카터와 미국을 믿고 자신에게 도전한다 여겨 김영삼을 더 경멸했다. 이런 두 사람의 시각은 1979년 YH 여공 사태와 신민당 총재직 직무정지 가처분에 이은 제명, 그로 인한 부마(釜馬)사태를 가져왔다. 그리고 종말은 10·26이라는 비극으로 끝나고 말았다.

086

/

포항
'석유 발굴' 사건

1973년부터 1974년까지 대한민국은 석유로 극심한 고통을 겪었다. 천연자원이 전무한 이 나라가 석유라는 에너지원에 한이 맺히게 된 것이다. 박 대통령 역시 예외는 아니었다. 그로부터 2년여가 지난 1975년 12월 5일 박 대통령은 엔지니어 출신인 오원철 중화학공업 담당 수석비서관을 집무실로 불렀다.

"부르셨습니까?"

"어, 이봐. 포항에서 원유가 나왔대."

대통령은 시커먼 액체가 들어 있는 링거병을 보여주더니 마개를 뽑고 액체를 재떨이에 부은 뒤 성냥으로 불을 붙였다. 불이 재떨이에 번지더니 시커먼 연기가 솟구쳤다. 오원철 수석은 순간 이상하다고 생각했다. 가스·휘발유·경유·중유가 복합된 원유는 원래 불을 붙이면 가스 성분부터 반응해 펑 하는 소리를 내면서 불이 붙는데 이 정체불명의 액체는 정제된 석유처럼 불이 붙은 것이었다.

오 수석은 그 기름을 가져 나와 분석을 맡겼다. 나흘쯤 지나 '원유가 아니라 석유'라는 결과가 나왔다. 문제는 이것을 대통령께 알리는 일이었다. 대통령은 이것을 원유로 믿고 있었다. 오 수석은 김정렴 비서실장에게 알렸다. 두 사람은 고민했지만 다음과 결론에 달했다.

"경사 난 집에 재를 뿌리는 것과 같은 이런 보고는 하는 사람이나 받는 사람이나 가장 기분 나쁜 보고지만 사실을 말하지 않을 수는 없는 일이다."

김정렴 실장과 함께 대통령을 만난 오원철이 사실대로 보고하자 대통령은 신직수 중앙정보부장을 불렀다. 신 부장이 청와대로 오자 대통령은 "신 부장, 포항에서 나온 기름이 원유가 아니라면서? 어떻게 된 거야?"라고 힐책하더니 "오 수석, 임자가 설명해"라고 말했다. 오원철은 식은땀을 흘리며 "(석유 시굴을 맡은) 중앙정보부가 조작한 것은 아니다. 정보부 보고대로 시추작업에서 채취된 것은 사실입니다. 다만 전문가가 아니라 원유로 착각한 것 같다"고 말했다.

그런데도 대통령은 다음날 경제각료, 중동문제연구소 연구원들과의 회의 후 "우리나라 포항에서 기름이 나왔다"고 했다. 한국은 몇 달간 석유 신드롬에 휘말리게 된다.

087

/

미친개에겐
몽둥이가 약이다

1976년 8월 18일 판문점 공동경비구역에 15명의 한미 경비병과 노무자들이 등장했다. 남측 초소의 시야를 가리는 미루나무 가지를 자르는 게 그날의 임무였다. 이때 북한군 장교 박철이 나타나 "작업을 중단하라"고 했다. 미군 장교 아서 보니파스 대위는 박철의 요구를 묵살했다. 그는 사흘 뒤면 한국 근무를 끝내고 귀국할 예정이었다.

박철이 북한군에 연락을 취했다. 30여 명의 북한군이 트럭을 타고 왔다. 손에는 쇠몽둥이와 도끼가 들려 있었다. 흉기를 든 북한군이 순식간에 한미 경비병과 노무자들을 에워쌌다. 박철은 위압적인 분위기를 만든 뒤 재차 작업 중단을 요구했다. 보니파스 대위가 거절하자 박철은 자기 손목시계를 푼 뒤 호주머니에 넣었다.

박철이 고함쳤다. "죽여!" 보니파스 대위는 북한군이 휘두른 몽둥이와 도끼에 힘없이 쓰러졌으며, 마크 바렛 중위도 북한군에 맞아 죽었다. 미군 기동타격대가 이들을 구하러 왔을 때 북한군은 이미 군사분계선 너머로 도망친 뒤였다. 이 소식은 미국 캔자스시티 대통령 후보 선출 공화당 전당대회장에 있던 제럴드 포드 대통령에게 전해졌다.

박 대통령은 이날 밤 일기를 남겼다.

오전 10시30분경 판문점 비무장지대 안에서 나무 가지치기 작업 중인 유엔군 장병 11명이 곤봉·갈고리 등 흉기를 든 30여 명의 북괴군의 도전으로 패싸움이 벌어져서 유엔군 장교 2명이 사망하고 한국군 장교 1명과 병사 4명, 미군 병사 4명 등 계 9명이 부상을 입는 불상사가 발생하였다. 하룻강아지 범 무서운 줄 모르는 이들의 이 만행을 고쳐주기 위한 철퇴가 내려져야 할 것이다. 저 미련하고도 무지막지한 폭력배들아, 참는 데도 한계가 있다는 것을 잊지 말지어다. 미친개한테는 몽둥이가 필요하다.

1976년 8월 21일 오전 7시 박희도 공수여단장 휘하 특공대원 64명이 미군공병대원 16명과 함께 미루나무가 있는 현장으로 갔다. 미군이 미루나무를 베어내는 동안, 한국군 특공대가 이들을 엄호했다. 하늘에는 20대의 헬기와 7대의 코브라 공격용 헬기, B-52전략폭격기가 떠 있었으며, 오산 기지에는 중무장한 F-111편대가 대기 중이었다. 북한은 침묵하고 있었다.

088
/
행정수도
계획

100억 달러 수출 목표를 앞당겨 달성한 대통령은 여유를 가지고 1980년대의 국정 목표를 생각할 수 있었다. 국토 개조(改造)였다. 대통령은 수도를 충청남도 공주 근처로 옮길 생각을 하고 있었다. 북한군의 기습공격에 대비할 여유를 가지면서 물류 편의를 극대화하는 대전략(大戰略)을 구상하고 있었다.

1977년 2월 10일 서울시청 연두 순시에서 대통령은 폭탄발언을 했다.

"서울의 근본 문제는 인구가 느는 것을 어떻게 억제하느냐 하는 것입니다. 쓸데없는 잡음이 생길까 봐 이야기를 안 하고 있었는데 우리가 통일이 될 때까지 임시 행정수도를 만들어 옮겨야 된다고 생각합니다. 서울에서 한 시간, 길어도 한 시간 반 정도면 오가고 할 수 있는 그런 범위 내에서 인구 몇십만 명 되는 새로운 수도를 만들자는 것입니다. 인구 700만명이 넘는 수도 서울이 휴전선과 너무 가깝게 있다는 것이 문제입니다. 장기적인 안목에서는 통일이 될 때까지 임시 행정수도로서 독일의 본 같은 그런 수도를 만드는 것이 좋다는 구상을 한 것입니다."

박 대통령이 행정수도 건설을 이야기한 것은 그보다 2년 전인 1975년 8월 2일 경상남도 진해에서 여름휴가를 보낼 때였다. 기자들에게 보도금지를 전제한 뒤 대통령은 말했다.

"수도권 인구분산 정책의 획기적인 방안은 수도를 옮기는 것밖에 없다. 정치·경제·문화는 서울에 두고 행정만 옮기는 것이다."

1977년 5월 오원철 수석은 충청남도 공주군 장기면 일대를 상정해 행정도시 건설 계획을 세운다. 장기면은 남쪽으로 금강이 흐르고 북쪽에서 남동쪽으로 이 지역을 가르는 대교천이 금강으로 흘러들어 간다. 북쪽에는 국사봉, 남쪽에는 장군산이 있는데 그 지형이 서울의 북한산, 남산, 한강축과 비슷했다. 박 대통령의 구상은 노무현 대통령의 행정수도 건설로 현실화됐다. 달라진 것은 오 수석이 상정했던 곳보다 동쪽으로 5km 정도 밀려나 있다는 것뿐이었다. 오 수석은 "박 대통령은 사실상의 천도(遷都)를 구상했으며 청와대가 들어갈 자리에 경회루와 똑같은 연못도 마련했다"고 훗날 말했다.

089
/
수출
100억 달러

1970년대 한국에는 국가적 목표가 있었다. 10월 유신, 100억 달러 수출, 1인당 국민소득 1000달러가 구호처럼 울려 퍼졌다. 박 대통령은 관념적 말장난을 누구보다 싫어하는 사람이었다. 그는 누구도 속일 수 없는 수치를 신봉했다. 100억 달러라는 수치를 맨 처음 꺼낸 것도 대통령이었다.

1977년 12월 22일 한국은 마침내 100억 달러 수출 목표를 달성했다. 원래 목표는 1980년이었다. 목표보다 3년을 앞당긴 것이다. 그날 대통령의 일기는 신문기사 같았다.

백억 불 수출의 날. 백억 불 수출 목표 달성 기념행사 거행. 오전 10시 장충체육관에서 각계인사 7000여 명이 참석, 성대한 행사를 거행하였다. 1962년 제1차 경제개발계획을 추진하던 해 연간 수출액이 5000여만 불이었다. 그 후 1964년 11월 말에 1억 불이 달성되었다고 거국적인 축제가 있었고 11월 30일을 수출의 날로 정했다. 1970년에는 10억 불, 7년 후인 금년에 드디어 100억 불 목표를 달성했다.

대통령은 선진국과의 비교 수치도 적으며 자부심을 드러냈다.

　10억 불에서 100억 불이 되는 데 서독은 11년, 일본은 16년이 걸렸다. 우리는 불과 7년이 걸렸다. 1981년에 가면 200억 불이 훨씬 넘을 것이다. 1986년경에 가면 500억~600억 불이 될 것이다. 100억 불, 이제 우리에게 새로운 출발점으로 삼자. 새로운 각오와 의욕과 자신을 가지고 힘차게 새 전진을 다짐하자.

1970년대 내내 주요 국정 과제 중 하나였던 '수출100억 달러'는 1977년 달성했다.

대통령은 그것이 근로자들의 노고(勞苦)임을 알고 있었다. 그해 4월 13일 창원공단을 방문한 뒤 대통령은 일기에 이렇게 썼다.

'모든 근로자가 땀 흘리며 일하고 있는 모습이 거룩하게만 보였다. 눈에서 사라지지를 않는다.'

100억 불 수출에 드라이브를 건 계기는 1972년 5월 30일 오원철 당시 경제2수석비서관과의 대화였다. 그날 무역진흥확대회의 후 대통령은 오 수석에게 물었다.

"임자, 100억 불 수출을 하자면 무슨 공업을 육성하지?"

오원철은 "각하! 중화학공업을 발진시킬 때가 됐습니다."

그게 시작이었다.

090
/
가로림만
프로젝트

행정수도 구상 당시 오원철 수석비서관은 창원공업기지만 한 것을 10개 이상 한 지구 안에 건설하는 구상 또한 하고 있었다. 이 지구는 800만명이 살면서 20만 톤이 넘는 대형 선박이 정박할 수 있는 항구를 끼고 있어야 했다. 규모로 따지면 약 3억 평의 토지가 필요했다.

1978년 오 수석은 해도(海圖)를 보고 있었다. 오 수석의 말이다.

"그런데 나도 모르게 환성이 터져 나왔다. 이상적인 장소를 발견한 것이다. 황해(黃海)에는 큰 항구가 없다는 것이 정설이었는데 이렇게 이상적인 장소가 있다니, 이런 것을 천운이라고 하나 보다. 20만 톤급 배 여러 척이 정박하는 데 문제가 없고 배후에는 넓은 야산지대까지 있었다."

오원철 수석비서관이 발견한 곳은 충남 서산과 태안 사이에 있는 가로림만이었다. 오원철이 흥분해 이런 사실을 보고하자 대통령도 관심을 가지며 "어디야"라고 물었다. "가로림만(可露林灣)입니다. 가로림만은 그 넓이가 매우 넓습니다. 수심 또한 20m가 넘는데 그 정도면 20만 톤급 화물선이 출입 가능합니다. 방파제도 필요 없습니다.… 싱가포르도 이만한 항구조건은 되지 못합니다. 가로림만을 개발한다는 것은 모든 면에서 싱가포르의 1.5~2배가 되는 공업지대를 국토 안에 새로 건설한다는 결론이 됩니다."

며칠 뒤 박 대통령은 헬기를 탔다. 일행 중에는 정주영 현대 회장도 있었다. 대통령은 빙 둘러보고는 "과연 넓긴 넓구먼"이라고 했다. 대통령은 가로림만을 한참 시찰하더니 헬기 안에서 김정렴 비서실장에게 지시했다. "건설부에 지시해서 우선 산업도로부터 건설토록 하지."

2004년 9월 오원철 전 수석은 당시 박 대통령이 시찰했던 가로림만 그 장소를 다시 찾았다. 그곳 바닷가, 종합제철소 예정지였던 곳에는 현대와 삼성의 석유화학 공장들이 있었고 작은 항만 하나가 건설되어 있었다. 여기서 오 수석은 정주영 회장을 회상했다고 한다.

정 회장은 박 대통령과 함께 가로림만을 시찰한 지 며칠 후 오 수석에게 "내 나이 칠십인데 이제부터 큰일을 또 한 번 시작해 봐?"라고 했다. '무슨 뜻이냐'고 묻는 오 수석의 말에 그는 "종합제철을 해볼까 해"라고 했다. 박 대통령처럼 정 회장도 가로림만의 가치를 직감적으로 느낀 것이다.

말년에 진해 휴양지를 산책하는
박정희 대통령.
박 대통령은 독서와 사색을 통해
국가 장래를 위한 큰 프로젝트와
비전을 만들어나갔다.

091

/

"미국이 핵 가져가면
우리가 개발할 것"

카터 미국 대통령과의 갈등이 불거지기 전인 1977년 5월 22일 박정
희 대통령은 청와대 비서진과의 식사 때 주목할 만한 이야기를 했다.

"나는 월남사태 때 이미 주한미군 철수를 예상했어요. 모든 정
세로 보아 북괴가 남침해도 중국, 소련이 병력 지원을 안 할 것으
로 봅니다. 우리의 힘이 강해지면 오히려 중국, 소련이 북괴의 남
침을 견제할 것입니다. 내년에 프랑스에서 장갑차 150대를 도입하
고 가을에는 서해에서 미사일 발사 실험도 할 것입니다. 이번에 하
비브 미국 국무차관이 오면 핵을 가져가겠다고 으름장을 놓을 텐
데, 가져가겠다면 가져가라지. 그들이 철수하고 나면 핵을 개발할
생각이오."

사실 박 대통령이 핵 개발을 염두에 둔 것은 1970년대 초부터였
다. 1970년 7월 로저스 미국 국무장관은 한국 정부에 '주한미군 2

만명 철군계획'을 통보했다. 실제로 미국은 1971년 7월 주한 미7사단을 철수시켰다. 1972년부터 박 대통령의 입에서는 '자주국방'이라는 말이 등장하기 시작했다.

그해 7월 20일 국방대학원 졸업생 치사에서 박 대통령은 "우리나라는 우리 국민이 지킬 수밖에 없다. 우리가 하고자 하는 일을 의연히 추진할 때, 미국이 도와주지 않아도 끝내 해낼 수 있다는 능력을 보여줄 때, 비로소 미국은 협조한다는 사실을 알아야 한다"고 말했다.

1973년 3월 주재양 박사가 원자력연구소 제1부소장에 취임, 특수사업 담당 부서의 책임을 맡으면서 핵 개발은 본격화된다. 그해 겨울 핵무기 개발 극비 계획서가 박 대통령에게 보고됐다. 그 후 프랑스에 있는 핵폭탄 제조 연구소에서 우리 연구진은 핵폭탄 제조와 기폭장치 제조기술을 배우기 시작했다.

이내 미국의 집요한 핵 개발 저지에 따라 한국은 핵연료 국산화 사업이라는 방향으로 틀었다. 1976년에는 한국핵연료개발공단을 설립했다. 1978년에는 핵연료가공시설이 준공됐다. 핵연료 재처리 및 핵연료봉 생산 등을 여기서 담당하였다. 전두환 정권이 들어선 1980년 한국핵연료개발공단은 원자력연구소와 통합되어 한국에너지연구소로 이름이 바뀌었다. 박정희 대통령이 시해당하고 그 후 들어선 집권자들이 핵 개발을 포기하지 않았더라면 1985년쯤 한국은 핵폭탄 제조에 필요한 플루토늄을 확보하고 핵무기를 개발했을 것이다.

092
/
박정희와
카터

박정희와 지미 카터 미국 대통령은 1977년부터 불화였다. 카터가 주한미군 철수와 한국의 인권을 거론하면서부터 두 사람의 갈등이 시작됐다. 1977년 이런 카터의 정책에 처음 반기를 든 이는 싱글러브 주한미군 소장이었다. 그는 《워싱턴포스트》 기자와의 인터뷰에서 "철군(撤軍)이 전쟁을 부를 것"이라고 했다. 카터는 격노했다.

1979년 6월 29일 카터가 방한했다. 김포공항에서 두 시간이나 기다린 박 대통령과 악수만 나눈 채 카터는 미 해병대 헬기를 타고 동두천 미군 부대로 떠났다. 다음날 열린 1차 한미정상회담은 사전에 협의한 회담 진행 방식과 달리 이상하게 진행됐다. 박 대통령은 45분간 자신이 해놓은 메모를 보며 일방통행식 강의를 했다.

박 대통령은 손가락으로 탁자를 '탁탁' 치기도 했다. 스트레스를 받으면 나오는 행동이었다. 카터의 턱 근육도 씰룩댔다. 카터는 박정희의 강의를 들으며 곁에 있던 브라운 국방장관과 밴스 국무장관에게 메모를 써 슬쩍 넘겼다. "만약 박정희가 이런 식으로 나온다면 주한미군 전원을 철수시키고 말겠소."

박 대통령의 '일장훈시'가 끝나자 카터도 반격했다. 바야흐로 정상회담장은 설전(舌戰)장이 되고 있었다. 두 정상의 단독회담은 본격적인 공방전이었다. 회담 후 두 사람의 표정은 어두웠다. 카터 대통령의 화풀이 대상이 된 사람은 글라이스틴 당시 주한미국대사였다. 그의 중재로 카터의 주문, 즉 한국의 국방비 지출을 국내총생산의 6%까지 높이는 것과 '괄목할 만한 인권 신장 조치'가 박 대통령에게 전달됐다. 박 대통령이 이를 수락하자 분위기가 급반전됐다.

귀국길에 카터는 박 대통령에게 말했다. "워싱턴으로 돌아가면 주한미군의 계속 주둔에 대한 박 대통령의 희망을 고려해 만족할 만한 결론을 내겠다." 그야말로 박 대통령이 고대하던 말이었다. 김포공항으로 가는 길에 카터는 박 대통령에게 "각하께서 예수 그리스도를 만나게 되기를 희망한다"고 말했다.

카터가 탄 전용기가 이륙하자 박 대통령은 글라이스틴 대사를 껴안았다. 대통령은 함박웃음을 보였다.

1979년 6월 30일 방한한 카터 미국 대통령과 함께 카퍼레이드를 하는 박정희 대통령.
하지만 정상회담 내내 두 사람은 평행선을 그었다.

093

/

전두환의 등장 ―
그와 박정희 대통령

전두환 대통령과 박정희 대통령의 첫 만남은 1961년 장도영 반혁
명 사건 직후였다. 전 전 대통령은 1987년 4월 자신의 통치사료 담
당 공보비서관에게 박 대통령과의 인연을 구술했다. 당시 전 전 대
통령은 대위로 육사생도들의 혁명지지 가두행진을 이끌었다.

"박 대통령께서 나를 보고 '전 대위, 국회의원 출마 안 하겠나'라
고 그래. 나는 '저는 군대에 있는 게 좋습니다. 저는 돈도 없고 군대
에도 충성스러운 사람이 있어야 하지 않습니까'라고 했는데 그때
부터 박 대통령이 나를 특별한 사람으로 보는 거야. 내가 어디에 가
있어도 골치 아픈 일이 있으면 나를 불렀어요. 나는 항상 그 양반
한테 희망적인 얘기를 많이 했어요. 1년에 한두 번씩은 부르셨어요.
이 식당, 여기에서 육 여사도 함께, 분식 권장할 때인데 분식으로 식
사도 했어. 육 여사가 만든 거라고 했는데 별로 맛은 없었지만 나

는 식성이 좋아 두 그릇 정도 먹었어요."

　박정희 대통령과 전 전 대통령의 인연은 계속 이어진다. 김신조 사건이 발생했을 당시 전 전 대통령은 청와대 경비단장이었고, 다시 경호실 작전차장보, 10·26 때는 보안사령관으로 있었다. 그는 원래 10월 27일 박 대통령에 대한 보고가 예정돼 있었다고 한다. 계속된 전 전 대통령의 증언이다.

　"김재규, 차지철, 그리고 정당 관계 암투가 있어 박 대통령이 상당히 위험할 것 같았어. 두툼한 보고서를 만들었어. 박 대통령은 보고서를 올리면 상대방에게 줘버리는 성격이 있어요. 직접 그 사람을 불러서 주의를 줄 용기가 없는 거야. 보안사에서도 진종채 전임 사령관이 나가면서 나한테 보고서를 내지 말라고 했어요. 보고서를 내면 죽는다고 하면서. 그러면 누가 박 대통령을 깨우쳐 주느냐. 내가 노재현 국방장관에게도 얘기했어. 비서실 내부도 엉망이고 우군 싸움이 김일성이와의 싸움보다 더 심했어. 망하려니 그런가 봐."

　전두환 전 대통령은 비록 마지막 보고를 하지 못했지만 박정희 대통령이 자신을 보안사령관에 임명함으로써 박 대통령 사후(死後)를 관리하며 권좌에 오른다.

094
/
부마사태

부마사태의 직접적인 원인은 김영삼 당시 신민당 총재에 대한 직무 정지 가처분 신청이 1979년 9월 8일 서울민사지법 합의16부에 의해 받아들여졌기 때문이다. 당하면 당할수록 크게 반발하는 성격의 김영삼 총재는 9월 10일 기자회견에서 "박정희 대통령의 하야를 강력하게 요구한다"고 말했다.

9월 16일자 《뉴욕타임스》에 보도된 김영삼 총재의 인터뷰는 박정희 대통령을 더욱 자극했다.

"내가 미국 관리들에게 '박 대통령은 공개적이고 직접적인 압력을 통해서만 그를 제어할 수 있다'고 말할 때마다 미국 관리들은 '한국의 국내 정치에 개입할 수 없다'고 한다. 그것은 억지다. 미국은 우리를 보호하기 위해 이곳에 3만명의 지상군을 두고 있지 않은가? 그것이 국내 문제에 대한 개입이 아니라면 무엇이란 말인가?"

강경으로 치닫는 김 총재를 김재규 중앙정보부장이 10월 3일 만났다. 김 부장은 "기자들과 환담하는 척하면서 《뉴욕타임스》 회견 내용이 다소 과장되고 와전됐다고 말해주십시오. 그러면 제명이 안 되도록 해보겠습니다"라고 말했다. 김 총재는 이 제안을 거부했다.

김 총재는 다음날인 10월 4일 국회의원직에서 제명됐다. 이 순간부터 김 총재의 연고지인 부산과 마산 지역에서는 '혁명적 공기'가 조성되었다. 대학가에서 시작된 시위가 시민들의 가세로 확산되는 가운데 10월 17일 청와대에서는 유신선포 기념 파티가 열리고 있었다. 파티는 김이 빠진 채 밤 9시에 일찍 끝났다.

그날 밤 부산 지역에는 비상계엄령이 내려졌다. 박정희 대통령은 생애 마지막 일기를 썼다.

7년 전을 회고하니 감회가 깊으나 지나간 7년간은 우리나라 역사에 기록될 중요한 시기이기도 하였다. 일부 반체제 인사들은 현 체제에 대하여 집요하게 반발을 하지만 모든 것은 후세에 사가(史家)들이 공정하게 평가하기를 바랄 뿐.

다음날 김재규는 부산으로 가 부마사태의 현장을 살폈다. 그는 10·26사태 후 법정에서 부마사태를 4·19에 비유했다.

"부산에서 이미 4·19와 같은 사태는 벌어지고 있었습니다."

095
/
리콴유가 말한
박정희

리콴유 싱가포르 전 수상은 아시아의 손꼽히는 지도자 가운데 한 명이다. 그는 박 대통령 사후인 1994년 김성진 당시 대우그룹 부회장(전 문화공보부 장관)과 인터뷰를 했다.

리콴유 수상은 '아시아에서 귀하를 제외하고 위대한 지도자를 세 사람만 든다면 누구를 꼽겠느냐'는 질문에 먼저 덩샤오핑을 지목했다. 덩샤오핑은 중국이 막다른 골목에 처해 있다는 것을 뒤늦게 깨닫고 방향을 전환시켰으며, 덩샤오핑이 마오쩌둥 이후에 정권을 잡지 못했더라면 중국은 소련처럼 붕괴하고 말았을 것이라고 했다.

리콴유 수상이 두 번째 지목한 정치가는 일본의 요시다 수상이었다. 요시다 수상은 한국전쟁과 냉전이 시작되자마자 기회를 놓치지 않고 일본이 미국 편에 확실히 서게 했으며 그것이 일본의 경제성장을 가져왔다고 평가했다.

1978년 6월 13일 경기도 시흥에서 모내기를 하는 박정희 대통령.
그는 평생 자신이 '농민의 아들'임을 잊지 않았다.

세 번째 인물에 대해 리콴유 수상은 "만일 세 번째 사람을 거론하게 되면 한국의 국내 정치에 영향을 끼치게 될 것 같아서…"라며 더 이상 말을 하지 않았다. 그의 입에서 '박정희'라는 말은 나오지 않았지만 박정희 대통령을 염두에 두고 있었음을 짐작할 수 있다.

리콴유 수상은 1979년 10월 19일 한국 방문 당시 청와대에서 열린 환영만찬에서 이렇게 말했다.

"어떤 지도자들은 자신들의 관심과 정력을 언론과 여론조사로부터 호의적인 평가를 받는 데 소모합니다. 한편 다른 지도자들은 자신들의 정력을 오직 일하는 데만 집중시키고 평가는 역사의 심판에 맡깁니다. (박정희) 대통령 각하, 만약 각하께서 눈앞의 현실에만 집착하는 분이셨더라면 오늘 우리가 보는 이런 대한민국은 존재하지 않았을 것입니다."

앞서 박 대통령은 김성진 장관을 시켜 한국 농촌의 발전상을 리콴유 수상에게 보여주었다. 경주에서 대구로 달리는 길 양쪽에 고개 숙인 누런 벼와 지붕 개량을 마친 깔끔한 농가를 바라보던 리콴유 수상의 표정은 부러움과 오기가 뒤섞여 상기됐다고 한다. 그는 농촌 관람을 마친 뒤 동행한 김성진 장관에게 짤막한 한마디를 남겼다.

"귀국(貴國)의 농촌은 아주 실속 있게 잘사는군요."

그러면서 비로소 "이러한 발전의 비결은 무엇이냐"고 묻기 시작했다.

096

/

효자손, 카빈소총,
벽돌

생의 마지막 박 대통령의 동반자는 효자손이었다. 박 대통령의 침실은 육영수 여사 초상화와 국화가 꽂힌 노란색 화병 두 개, 시인 박목월이 쓴 《육영수 여사》라는 책을 넣은 나무상자뿐이었다. 아내가 없는 썰렁한 공간을 대신한 것은 효자손이었다. 그 무렵 노인성 소양증을 앓고 있었던 대통령은 밤중에 아무리 가려움이 심해도 등을 긁어줄 사람이 없었다. 효자손을 반려자로 삼고 있던 홀아비가 말년의 박 대통령이었다.

숨지기 한 달 전까지만 해도 박 대통령의 침대 발끝 오른편엔 카빈소총 두 정을 걸어놓은 나무 총가(銃架)가 있었다. 탄창과 실탄은 총가 밑 서랍에 들어 있었다. 무슨 생각이 들었는지 대통령은 10·26사태 한 달 전, 총을 청와대 경호단에 반납시켰다. 총으로 권력을 쟁취한 박정희는 그 총구(銃口)가 언젠가는 자신을 향할 것이라는 불길한 예감을 버리지 못하고 있었다.

아침에 침대에서 일어나면 대통령은 맨 먼저 정원이 내려다보이는 동쪽 창문을 시작으로 서재와 거실의 창문들을 활짝 열어젖혔다. 청와대 본관 근무자들은 대통령의 창문을 여는 소리를 들으며 아침 일과를 시작했다.

침실 옆 욕실 변기의 물통 속에는 대통령이 아무도 모르게 넣어둔 빨간 벽돌 한 장이 들어 있었다. 자신이 사용하는 1층 집무실 옆 대통령 전용 화장실도 마찬가지였다. 물을 절약하기 위해서였다.

석유파동 이후부터 골프를 치지 않은 대통령은 대신 배드민턴으로 체력을 단련했다. 생의 마지막 날이었던 10월 26일에도 대통령은 이광형 부관과 함께 배드민턴을 친 뒤 삽교천 방조제 준공식 행사 채비를 하기 시작했다.

"어제 입었던 그 양복하고 구두, 그거 가져오게."

대통령이 말한 양복은 을지로2가 세기양복점에서 수도 없이 수선한 것이었으며, 구두도 뒤축을 수없이 갈아 박은 것이었다. 최후의 행사를 앞두고 대통령은 소풍 가는 소년처럼 들떠 있었다.

097

/

10 · 26 밤의
궁정동

삽교천 방조제 준공식을 끝내고 청와대로 돌아온 박 대통령은 김계원 비서실장·차지철 경호실장·김재규 중앙정보부장과의 만찬을 지시했다. 차 실장은 "오늘은 좀 쉬시지…"라고 중얼거리면서 짜증스러운 표정을 지었다. 오후 4시 10분쯤 남산 정보부장실에 있던 김재규는 차지철의 전화를 받았다. "오늘 저녁 6시에 각하를 모시고 대행사가 있습니다."

대행사는 대통령 외에 정보부장·비서실장·경호실장이 포함되는 행사다. 차지철이 김재규에게 전화했던 것과 비슷한 시각, 박선호 정보부 의전과장도 정인형 청와대 경호처장의 전화를 받았다. "대행사가 있으니 심부름을 할 여자 두 명을 준비해 달라"는 것이었다. 정 처장과 박 과장은 해병대 16기 간부후보생 동기였다.

박선호는 가수 심수봉과 영화배우 지망생 신재순에게 전화를 걸었다. 신재순은 오후 5시20분까지 플라자호텔 커피숍에서, 심수봉은 오후 5시30분에 뉴내자호텔 커피숍에서 만나기로 약속했다.

오후 5시50분 차지철이 청와대 부속실로 올라오자 이광형 부관은 비로소 그날 저녁 약속이 있음을 알게 됐다. 대통령은 집무실을 나서며 "이군, 나 경호실장하고 저녁 먹고 올 테니까 서재 문 잠그고, 어… 그런데 인터폰하니까 근혜 없던데, 근혜 어딨나"라고 했다. 당시 박근혜 영애는 응접실에서 손님을 만나고 있던 터라 딸과 마지막 대화도 나누지 못한 채 대통령은 "근혜보고 먼저 밥 먹으라고 이야기하게"라고 말한 뒤 방을 나섰다.

궁정동 만찬장에는 이미 상이 차려져 있었다. 꿀에 재운 인삼, 도라지나물, 부침, 생채, 송이구이, 편육, 시바스리갈 두 병, 선 담배 두 갑이었다. 대통령이 심수봉을 보고 한마디 했다. "이 아가씨는 테레비에서 많이 본 인물이고…." 신재순을 보면서는 "예쁘게 생겼군. 이름이 뭐지?"라고 물었다. 대통령은 다시 심수봉에게 "본이 어디지?"라고 물었다. 청송 심씨인데 고향은 충청도라고 하자 웃더니 "작고한 총무처 장관과 같군"이라고 했다. 고 심의환 장관을 가리키는 말이었다. 대통령이 전날 심 장관 부인에게 쓴 위로편지는 미처 발송하지 못하고 10·26 후 금고를 정리할 때 발견됐다.

098
/
심수봉과
신재순

신재순이 노래를 부르기 시작했다. "사랑해 당신을. 정말로 사랑해. 당신이 내 곁을 떠나간 뒤에 얼마나 눈물을 흘렸는지 모른다오…." 박정희 대통령이 신재순과 함께 후렴구인 "예이 예이 예이"를 콧노래로 흥얼거릴 때였다. 김재규가 김계원 실장의 허벅지를 툭 치더니 "각하를 똑바로 모십시오" 하면서 권총을 주머니에서 뽑았다.

"각하, 이따위 버러지 같은 자식을 데리고 정치를 하니 똑바로 되겠습니까." "탕!" 소리와 동시에 차지철은 "김 부장 왜 이래" 하고 외치더니 "피 피 피" 하면서 오른 팔목을 붙잡고 일어나 실내 화장실로 뛰어들었다. "뭣들 하는 짓이야."

대통령은 정자세로 앉은 채 이 한마디를 벽력처럼 내질렀다. 최후의 대통령을 가장 냉정하게 가장 정확하게 목격한 신재순은 '대통령은 그 모습을 보지 않으려는 듯 눈을 감고 정좌를 하고 있었다. 위기일발의 상황에서도 미동도 하지 않았다'고 기억했다.

김재규는 차지철을 쫓아 일어서며 엉거주춤한 자세에서 박정희를 내려다보며 권총을 발사했다. 김계원은 박정희가 총을 맞고 왼쪽으로 스르르 쓰러지는 것까지 보고 마루로 뛰어나갔다. 김재규가 다시 박정희에게 연발사격을 하려고 방아쇠를 당겼으나 발사가 되지 않았다.

그 순간 전깃불이 일제히 나가면서 옆에 자리한 대기실과 주방에서 탕탕탕하는 권총소리와 "움직이지 마!" 하는 고함이 뒤범벅이 됐다. 청와대 경호실 요원들을 향한 중정요원들의 공격이 시작된 것이다.

방 안에는 대통령과 심수봉, 신재순만이 남아 있었다. 화장실에 숨어 있던 차지철이 머리만 내민 채 "각하 괜찮습니까"라고 물었다. 대통령은 "나는 괜찮아"라고 답했다. 신재순의 손가락 사이로 대통령의 선혈이 콸콸 쏟아졌다. 숨소리는 '그르렁 그르렁' 하고 있었다. 신재순이 다시 물었다. "각하 정말 괜찮습니까?" 대통령의 마지막 말이 들렸다.

"응, 나는 괜찮아."

신재순은 훗날 그 말에 "난 괜찮으니 너희는 여기를 빨리 피하라는 뜻이 담겨 있었다"고 말했다.

"일국의 대통령이시니 절박한 순간에도 우리를 생각해 주시는구나 하는 느낌을 받았습니다."

1979년 11월 7일 현장검증에서 김재규 전 중앙정보부장이 10·26 당시의 상황을 재현해 보이고 있다. 왼쪽은 김계원 전 비서실장.

099
/
오만했던 차지철의
최후

1979년 10월 부마(釜馬)사태는 박정희 정권의 기둥뿌리를 뒤흔들고 있었다. 박정희 대통령이 부마사태의 파괴력을 오판한 데는 여러 가지 원인이 있었으나 육영수 여사 피격 사태의 책임을 지고 물러난 박종규 경호실장의 후임으로 청와대 경호를 맡은 차지철의 책임이 컸다. 차지철은 10·26사태 당일에도 김재규 중앙정보부장의 부아를 계속해서 돋우는 오만을 부렸다. 김재규의 살의(殺意)라는 심지에 차지철은 불을 댕긴 것이다.

궁정동 만찬장에서 박 대통령은 부마사태를 언급했다.

"요즘 정보부는 뭘 하는지 모르겠어. 부산사태만 해도 그렇지."

김계원 비서실장이 옆에서 화제를 돌리려 했지만 차지철 경호실장은 계속해서 자극적인 발언을 했다. 대통령을 그가 부추김으로써 만찬장의 화제는 계속해서 부마사태에서 벗어나지 못하고 있었다.

1975년 10월 14일 영동–동해고속도로 개통식.
박정희 대통령 뒤로 차지철 경호실장, 김재규 건설부 장관, 전경환 경호관 등이 보인다.

대통령이 말했다.

"오늘 삽교천에 가보니 공해도 없고 공기도 그렇게 좋은데 시민
당은 왜 그 모양이오?"

김재규가 대책 없는 비관론을 되풀이할 때마다 차지철은 "그까
짓 새끼들 싹 쓸어버리겠습니다"라고 강경한 소리를 반복했다. 김
재규는 풀이 죽은 표정으로 자리에 앉아 있다가 만찬장인 안방을
나와 부하들을 찾았다.

짜고 그러는 듯이 자신을 일방적으로 몰아붙이는 대통령과 경호
실장을 보며 김재규의 머릿속에는 차지철을 죽이자는 생각이 떠올
랐고 뒤이어 대통령까지 쏘자는 쪽으로 발전했다. 마침 만찬장 옆
에 초대한 정승화 육군참모총장의 존재가 그에게 새로운 의미로
다가왔다. 대통령에 대한 배신감과 차지철에 대한 분노가 마침내
살인계획으로 발전하기 시작한 것이다.

오만방자했던 차지철은 막상 김재규가 행동을 개시하자 비겁한
모습으로 변했다. 차지철은 경호실장이라는 본분을 잊고 대통령을
팽개친 채 화장실에 숨어 있다가 자신을 발견한 김재규에게 애원
하기 시작했다.

"김 부장, 김 부장⋯."

차지철은 애원하며 화장실 문갑을 방패처럼 치켜들고 버티다 김
재규가 발사한 두 번째 탄환을 맞고 절명했다. 대통령을 수행하며
권총조차 휴대하지 않은 방자한 경호실장의 비참한 말로였다.

100
/
해진
혁대

김계원 비서실장이 총상을 입은 대통령을 국군서울지구병원으로 옮겼다. 임상병리과장 송계용 소령이 응급소생법을 시도했다. 하지만 이 의문의 환자는 사망했고 함께 온 중정요원들에게 "이 사람은 누구입니까"라고 물었다. 중정요원들은 대답이 없었다.

응급소생법을 시행한 정규형 대위는 며칠 뒤 합동수사본부에서 "얼굴을 보고도 왜 각하인지 몰랐는가"라는 질문을 받았다.

"병원에 들어왔을 때는 얼굴에 피가 묻어 있었고 감시자들이 응급처치 중에도 자꾸 수건으로 얼굴을 덮었습니다. 그리고 시계가 평범한 세이코였고 넥타이핀의 멕기가 벗겨져 있었으며 혁대도 해져 있었습니다. 머리에 흰 머리카락이 약간 있어 50여 세로 보았습니다. 이런 여러 가지 사실로 미루어 각하라고는 상상도 할 수가 없었던 것입니다."

국군서울지구병원장 김병수 공군준장은 오후 8시 병원 당직 사령으로부터 "응급환자가 있으니 빨리 나와달라"는 연락을 받았다. 김 준장도 처음에는 대통령을 알아보지 못했다. 거의 세 시간 동안 '이름 모를 변사체'로 누워 있던 대통령의 시신을 김 준장은 다시 살펴보았다. 그 순간 김 준장의 눈앞에 그토록 낯익은 아랫배의 희끗희끗한 반점이 나타났다. "각하다!"라는 생각과 함께 김병수의 눈앞은 캄캄해졌다.

밤 10시 넘어 보안사 우국일 참모장이 김 준장에게 전화를 걸어왔다. "여러 가지 어렵고 위협적인 상황에 있는 것 같은데 듣기만 하되 가능하면 간단하게 '예스' '노'로만 답해주시오"라고 했다.

"알겠습니다."

"운명하셨나?" "예." "(김계원) 실장이야?"

"아니 그런 거 없습니다." 이 말은 옆에 있던 중정요원을 의식한 것이었다.

"그럼 코드 원(Code One)인가?" "예."

10월 26일 밤 전두환은 대통령의 시신이 보안사 옆 군 병원에 안치되어 있는 것을 제일 먼저 안 뒤 국방부 보안부대장실과 육본 보안부대장실을 지휘소로 삼고 긴급 상황에 대처했다. 얼마 뒤 계엄사령부 합동수사본부장이 된 전두환 소장은 중앙정보부의 기능을 정지시키며 정보부·검찰·경찰을 장악했다. 역사의 무대에 굉음을 울리며 등장한 것이다.

1979년 11월 3일 3군 사관생도의 호위 아래
박정희 대통령의 시신을 모신 영구차가 청와대를 떠나고 있다.

조갑제

왜 21세기에
朴正熙인가?
교사·군인·혁명가·
경영자의 네 얼굴을 연기한
'눈물 많은 超人'

조갑제 (趙甲濟)
1945년 출생. 부경대(전 부산 수산대) 수료. 미국 하버드대 1년 연수 (니먼 펠로) /
부산 《국제신보》 기자, 《월간 마당》 편집장, 《월간조선》 편집장,
(주)월간조선사 대표이사, 현 조갑제닷컴 대표 /
《박정희(1~13권)》 《유고(10·26 사건의 기록) 1. 2》 《군부》 《대폭발》 《국가안전기획부》 등

박정희(朴正熙·1917~1979)는 20세기의 대인물이다. 식민지와 큰 전쟁을 겪은 나라를 18년간 이끌면서 최단시간에 최소한의 희생으로 최고의 성장을 이룩하여 선진 민주 복지국가로 가는 발판을 만들었다.

　그는 교사, 군인, 혁명가, 경영자였다. 네 가지 역할을 동시에 수행, 국력(國力)을 조직화하고 능률을 극대화하였다. 그는 사고(思考)와 행동이 주체적이었다. 김일성식(式) 닫힌 자주가 아니라 깊은 교양에 기초한 열린 자주였다. 위선적 명분론을 경멸하면서 오로지 실사구시(實事求是), 즉 사실과 현실에 기초하여 옳은 방향과 방법을 찾는 동양적 실용주의 사상가였다. 위대한 생산성의 비밀이 여기에 있다.

교사의 소양

교사, 군인, 혁명가, 경영자의 네 가지 역할을 동시에 수행함에 있어서 기초가 된 것은 '교사적 소양'이었다. 우수한 지도자와 위대한 지도자를 가르는 것은 교사적 소양의 유무(有無)일 것이다.

그는 대구사범을 졸업하고 문경에서 3년간 교사로 일했다. 진정으로 어린이와 약자(弱者)를 사랑한 따뜻한 선생이었다. 이런 자세를 평생 유지하였다. 군인으로서도 교사였고 혁명가로서도 교사, 경영자로서도 교사였다. 1961년 5월 16일 새벽 남산 KBS를 점거한 혁명군이 박종세 아나운서를 끌어내 오자 박 소장은 그 유명한 혁명공약을 건네주면서 그에게 혁명의 당위성을 설명하였다. 그는 연설을 통하여 국민들을 공개적으로 질책, 비판, 계도한 마지막 대통령이다. 책상을 꽝꽝 치면서 학생들을 훈계하고, 행사 참석자들이 애국가를 제대로 부르지 않았다고 다시 시키는가 하면 아래서 올라온 연설문 초고를 편집장처럼 꼼꼼하게 고쳐 자기 것으로 만들었다.

교사로서 성공하려면 언어감각이 좋아야 한다. 박정희(또는 박정희 정부)는 조어(造語)의 천재였다. '조국 근대화' '민족중흥' '한국적 민주주의' '새마을운동' '잘살아보세' '성실한 사람이 잘사는 사회' '올해는 일하는 해' '올해는 더 일하는 해' '수출 100억 불 소득 1000불' '소득증대' '국력의 조직화, 능률의 극대화' '자조, 협동, 근면' 등등. 이들 구호는 구호로 그치지 않고 실천으로 연결되어 역사를 만들고 움직였다.

그는 18년 동안 지속적으로 '자조·자립·자주'의 3단계 정신 교육을 이어갔다. 스스로 돕는 사람을 정부가 도와준다. 그래야 우리는 경제적으로 자립할 수 있다. 자립 경제를 기반으로 자주국방을 할 수 있어야 진정한 독립국가 행세를 할 수 있다. 그의 교육이 가장 강조하는 것은 포퓰리즘 배격이었다. 최단시간 내에 최소한의 희생으로 최대의 업적을 남길 수 있었던 것은 그가 포퓰리즘으로 인한 비용 지출을 최소화한 덕분이다. 낭비적 정치를 억압함으로써만 된 것이 아니다. 국민교육으로 시대적 분위기를 만들었기에 생산성 높은 실용적 정책 추진이 가능하였다.

박정희는 독서인이고 교양인이었다. 독서로 다져진 지성(知性)과 철학에서 전략과 정책이 나온 것이다. 미국 대통령 트루먼은 이렇게 말했다.

"모든 독서가(reader)가 지도자(leader)가 되는 것은 아니지만 모든 지도자는 독서가이다."

군인통치에 의한 국가 발전은 역사의 보편 원리

유럽과 일본은 기사(騎士)와 무사(武士) 지배를 오래 받으면서 봉건체제를 경험하고 산업혁명과 민주화로 나아갔다. 민주주의가 꽃핀 곳이 모두 군인통치를 오래 받은 나라라는 사실은 역설(逆說)이 아니라 역사의 정설(定說)이다. 군인통치는 늘 전쟁을 준비하므로 그 과정에서 행정제도가 정비되고, 국민의 기강이 잡히며, 과학 기술이 발전한다. 이런 제도들이 모두 민주주의의 기반이 되는 것이다. 한국의 역사는 박정희와 군 장교단을 매개로 하여 역사 발전의 보편적 경로에 진입한 것이다. 박정희는 2중의 혁명가인데, 문민통치의 전통을 깬 혁명가이고, 동시에 봉건적 질서를 깬 근대화 혁명가이다.

박정희는 군사적 교육을 오래 받아 반듯한 자세와 정확한 업무 처리가 습관화된 경우이다. 군대는 전쟁을 준비하는 조직이고 교육(훈련)기관이다. 생사(生死)가 오가는 순간에 최선의 결정을 내려야 하므로 준비에 철저하고 정직, 정확해야 한다. 군대의 의사결정은 참모회의를 거쳐 지휘관이 내리는데 민주적 토의를 반드시 거친다. 민간인 출신 대통령보다 군인 출신 대통령이 업무처리에서 보다 민주적인 이유가 있다.

장교들은 소대장부터 대장까지 오르면서 다양한 조직의 경영을 체험하고 비상사태에 대처한다. 국가 지도자 양성 코스로는 최적이라고 할 만하다. 한국은 30년간 군인 출신 대통령 세 명을 배출, 세계에서 가장 효율적이고 생산적인 국정운영을 선보였다. 이 시기의 경제 성장률 부문에서 한국이 세계 최고인 것은 한국군 장교단이 권력을 잡거나 뒷받침한 시기였다는 점과 떼어놓고 논할 수 없다.

박정희에 대한 가장 큰 오해는 그가 군사혁명으로 정권을 잡은 데 대한 콤플렉스나 죄책감에 시달렸고 그래서 경제 개발로 속죄하려 하였다는 식의 '심리분석'이다. 그는 혁명의 역사적 당위성을 확신하고 이를 논리적으로 당당히 주장하였으며, 특히 군인의 기여를 정치인보다 높게 평가하였다.

1961년 5·16군사혁명 때 한국의 가장 선진된 집단은 장교단이었다. 약 10%가 미국 유학 경험자였다(외교관보다 더 높은 비율). 큰 조직을 운영해 본 경험이 있는 군인들이 행정기관을 접수, 군대식 효율적 조직 경영술을 접목시켰다. 그렇게 개조된 행정기관이 기업을 밀어주고 키우면서 경제 개발의 기관차가 질주하기 시작한 것이다.

"민주주의는 하느님이 아니다"

혁명가로서 박정희를 평가할 때 나는 "'민주주의는 하느님이 아니다'라고 외친 유일한 한국인"이라는 표현을 쓴다. 이게 혁명가로서 박정희의 핵심이라고 생각하기 때문이다. 건국 이후 모든 한국인이 의심 없이 받아들인 민주주의의 보편적 정당성에 도전한 이가 박정희였다. 그는 민주주의를 한국 실정에 맞게 한국의 현실 속에서 재정의(再定義)하고 재구성하여 운영해야 한다고 생각했고 이를 실천에 옮겼다.

경제 건설이 민주화의 선결 조건이란 점은 과학적으로 증명된다. 정치학자 애덤 셰보르스키와 페르난도 리몽기가 만든 통계가 이를 잘 보여준다.

1950~1990년 사이 1인당 국민소득 1500달러(현재 가치 기준) 이

하인 나라가 민주주의 체제를 시험했을 경우 그 평균수명은 8년밖에 되지 않았다. 1500~3000달러 사이에선 평균수명이 18년이었다. 1인당 국민소득이 6000달러 이상인 민주국가가 전복되어 독재로 돌아갈 가능성은 500분의 1이다. 1인당 국민소득이 9000달러 이상인 32개 민주국가는 단 한 나라도 체제가 붕괴된 적이 없다. 반면, 그 이하 69개 국가 중 39개가 민주체제를 유지하지 못했다. 약 56%의 사망률이었다. 박정희는 한국을 부자나라로 만들고 민주주의를 실천할 수 있는 물질적 토대를 만든 것이다.

양식 있는 학자들은 박정희나 이승만을 독재자라 부르지 않는다. 국가제도를 정비하고 경제를 건설하는 데 주력함으로써 자유민주주의가 기능할 수 있도록 준비하였다는 점에서 '자유 지향적 권위주의적 지도자', 즉 'Liberal Authoritarian'이라고 부르는 이들이 많다. 박정희는 5·16과 10월 유신으로 두 차례 헌정질서를 중단시켰지만 사후(事後)에 선거를 통하여 그 조치에 대한 추인(追認)을 받았다는 점도 무시할 수 없다.

박정희 대통령을 독재자라고 부르는 것은 과학적이지 않다. 민주주의는 외양이고 그 속은 안전, 복지, 자유이다. 그는 안보를 튼튼히 하고 경제를 발전시켜 안전과 복지를 확보했으므로 3분의 2 민주주의를 이룬 셈이다. 안전과 복지가 확보되면 인간은 자유를 희구하게 된다. 박 정권에 대항해서 그 자유를 요구했던 소위 민주화 세력은 3분의 1 민주주의를 한 셈이다.

민족주체성

한국의 민족주의는 지금도 그렇지만 저항적이고 배타적 성격을 떠어왔다. 박정희는 개방적 자주노선의 주창자로서 민족주체성을 강조한다. 그의 주체적인 민족사관은 북한식의 닫힌 주체성이 아니다. 국익을 중심에 놓고 사대주의적 의존성과 주자학적 명분론을 버리고 스스로의 판단하에서 사물을 평가한 다음 자주적 행동 계획을 수립하자는 것이다. 그는 민주주의나 민족주의도 주체적으로 평가하고 응용해야 하는 것이지 이를 교조화하여 무조건 추종하는 것은 사대적 근성이라고 생각하였다.

이런 주체적 행동 양식은 박정희의 정책 결정에도 반영되었다. 포항제철을 기획할 때 관료들이 외국 자문기관의 평가에 의존하자 관계자들을 불러 모아 "우리 경제 발전 방향의 입장에서 계획을 세우라"고 했다. 그렇게 했더니 외국 기관의 평가보다 훨씬 대규모의 공장이 타당성이 있는 것으로 나타나 오늘의 포철이 탄생하게 되었다고 한다. "나를 중심에 놓고 사물을 보게 되면 이렇게 달라지는구나 하는 깨달음이 생겼다"고 한 참여자는 말했다.

박정희는 관념적 유학자들이 주도한 조선조의 역사를 부정적으로 보았다. 자신의 근대화 혁명은 핵심이 그런 신분질서를 바꾸는 것이라며 사농공상(士農工商)을 상공농사(商工農士)로 역전(逆轉)시켜야 한다고 주장하였다. 연설을 할 때도 "군인, 기업인, 과학자, 기술자, 농민, 학생 여러분" 식으로 호명하였다.

박정희 집권은 약 800년 만의 무인정권 창출일 뿐 아니라 우리 민족사에서 처음으로 士자 계급(지식인, 판사, 검사, 언론인, 교수, 정치인 등)이 아닌 기업인, 상인, 기술자, 과학자가 역사 발전의 주역으로 등장하는 무대를 만들었다. 이게 박정희식 경제 발전이 내포한 혁명성의 일부이다.

유신, 정치 코스트의 최소화

박정희 대통령이 유신을 한 가장 큰 이유 중의 하나는 정치 코스트를 줄이는 것이었다. 박 대통령이 엘리트 행정 관료들을 정치인들의 압력으로부터 보호해 주니 오직 국가적 차원의 필요성, 효율성, 생산성을 기준으로 행정을 할 수 있게 되었다. 정치적 자유를 제한한 대가가 경제·행정의 생산성 향상으로 나타난 것이다. 이것이 1970년대 한국의 고도성장, 그 요인 중의 하나이다. 1972년 10월 17일부터 1979년 10월 26일까지 박정희 대통령이 한 일은 중화학공업 건설 등으로 한국을 선진국 진입 직전의 수준까지 끌어올렸다로 요약할 수 있을 것이다. 우리가 일류국가를 지향할 수 있게 된 저력은 이 기간에 축적되었다. 이 기간 국회와 언론, 그리고 선거의 자유는 부분적으로 제약되었으나 일부 성역(대통령, 군대, 정보부)을 제외한 비판은 대체로 자유로웠다.

유신체제의 구호는 '국력의 조직화, 능률의 극대화'였다. 국가의 기능이 강력해진다는 것은 동력이 세어진다는 뜻이며, 힘이 있으면

위기를 맞을 때 극복할 수 있다. 유신시대에 세계는 두 차례의 석유 파동, 월남전에서 미국 패배, 국제공산주의 활동의 확장, 워터게이트 사건으로 인한 닉슨 대통령 사임과 미국의 지도력 약화, 미중(美中) 화해, 이란혁명 등 거대한 변화가 있었다. 북한 정권은 이 기간에 판문점 도끼 만행 사건, 백령도 침공 위협, 육영수 여사 암살 등 도발을 지속했다. 국내적으론 민주화운동과 노동운동이 거세게 일어났다. 그런 가운데 김대중 납치 사건이 발생, 한일 관계도 악화된다. 유신 조치의 한 이유를 박정희는 국제 정세의 변화에 대응하기 위한 체제 구축에 두었는데 결과적으로는 급변 사태를 예견하고 선제적 비상조치를 취한 셈이 되었다. 박 대통령은 유신 선포 직전 김종필 총리에게 이런 말을 하였다고 한다.

"내가 좀 획기적인 체제를 구상하고 있어. 우리나라는 선거를 잘 못하면 어디로 갈지 몰라. 내가 보기에 1970년대가 순탄치 않아. 없는 국력을 조직하여 효과적으로 관리해 나갈 수 있는 체제로 정비가 되어야 해. 그러지 않으면 도약이 어렵겠어. 이것은 많은 반대에 부딪힐 가능성이 있지만 해놓고 보면 1970년대를 잘 극복했다는 말을 들을 거야."

그는 역사의 악역(惡役)을 자임(自任)한 셈이다.

경영자: 놀라운 생산성과 효율성의 비밀

마지막으로 경영자로서 박정희를 분석한다.

1. 화합형 정책 결정 : 박정희 대통령은 무엇보다도 듣는 사람이었다. 엉터리 보고라도 끝까지 들어주었다. 좀처럼 즉석에서 반대하지 않았다. 또한 본인의 의견을 제시한 뒤 주무(主務)장관이 다시 한 번 심사숙고할 시간을 주었다. 대통령의 지시가 아니라 주무장관이 발안(發案)한 정책이 채택되는 방식을 취했다. 그렇게 해야 정책에 대한 주인의식이 생기고 일을 할 때 신바람이 나는 것이다. 박 대통령은 자신이 하고 싶은 일을 남을 통해서 하는 방법을 잘 알고 있었다.

2. 민주적 정책 결정 : 박 대통령은 어떤 회의에서도 먼저 발언하지 않았다. 토론을 시켜 문제가 제기되고 찬반 의견의 방향이 잡혀가면 그때 결론을 도출하고 필요한 보충 지시를 내렸다. 당시의 정치체제와는 다르게 경제정책의 결정 과정은 민주적이었다.

3. 생산적 회의 : 박 대통령은 월간경제동향보고, 수출진흥확대회의(무역진흥회의), 청와대 국무회의, 국가기본운영계획 심사분석회의, 방위산업진흥확대회의를 정례화하였다. 이들 회의는 대통령이 국정을 종합적으로 규칙적으로 파악, 점검하고 살아 있는 정보를 얻는 기회였다.

4. 철저한 확인과 일관된 실천 : 박 대통령은 계획 수립에 20%, 실천 과정의 확인에 80%의 시간을 썼다고 한다. 중앙부처 및 지방 순시 등 현장 시찰을 자주 한 것도 집행의 확인과 사람들의 사기 진작을 위한 것이었다. 그는 원칙을 견지하면서도 계획의 수정이 필요

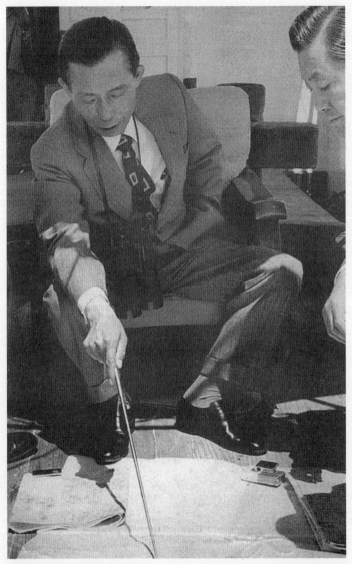

박정희 대통령은 확인행정의 달인이었다.
사진은 공업단지 예정지인 광양만 일대를 시찰하면서 작업지시를 내리는 박정희 대통령.

할 때는 토론절차를 거쳐 신속하게 했다.

5. 국민의 각성과 참여 : 박 대통령은 국민들이 자조(自助)정신을 발휘하여 자발적으로 건설에 참여하도록 유도하는 데 신경을 곤두세웠다. 그는 인간과 조직의 정신력에 주목한 사람이다. 박정희는 한국인의 민족성처럼 치부되었던 패배의식과의 싸움에 이긴 사람이다. 그는 경부고속도로 건설 같은 눈에 뜨이는 구체적 업적을 통해서 국민들의 체념과 자학(自虐)을 자신감으로 교체해 갔다. 의욕을 불어넣기 위해 '새마을 노래' '나의 조국'도 작사, 작곡했다.

6. 정부는 만형, 기업은 전사(戰士) : 박 대통령은 경제관료와 기업인이 이견(異見)을 보이면 대개 기업인 편을 들어주었다. 그는 정부 주도형 경제개발정책을 채택했으나 기업이 엔진이고, 경제전선의 전사는 기업인이라고 생각했다. 박 대통령은 기업 엘리트를 존중해 주었고, 기업인들은 '대통령은 우리 편'이라고 생각했다.

7. 내각에 권한과 책임 위임 : 청와대 비서실이 장관 위에 군림하는 것을 금지시켰고 장관의 인사권을 존중했다.

8. 관료 엘리트 중시, 학자들은 자문역 : 실천력을 중시하던 박 대통령은 집행기관장으로서는 학자를 거의 쓰지 않았다. 학자들은 자문역으로만 부렸다. 거의 유일한 예외는 서강대학교 교수 출신인 남덕우 부총리였다. 남 부총리도 실무 능력의 검증을 거친 다음에 중용되었다.

9. 정치와 군대의 압력 차단 : 그는 관료들이 국익과 효율성의 원

칙하에서 소신대로 일할 수 있도록 군인들과 정치인들의 경제에 대한 개입을 차단하고 견제했다. 군대의 힘으로써 집권한 사람이 군대의 영향력을 약화시킨 예는 매우 드물 것이다.

10. 경제 발전 우선주의 : 박 대통령은 경제 발전이 결국은 안보와 민주주의 발전으로 연결될 것이라고 생각했다. 선경제 발전, 후민주화의 소신을 굽히지 않았다. 그에 따른 비난에 대해서는 '내 무덤에 침을 뱉어라'로 대응했다.

11. 시장(市場)의 한 멤버로서의 정부 : 박 대통령은 정부가 시장의 규제자가 아니라 한 참여자라고 생각했다. 박 대통령 시절의 정부는 시장 지배자라기보다는 시장의 일원으로서 시장 기능을 촉진시키는 역할을 했다. 정부는 기업가, 은행가, 개혁가로서의 역할도 했다. 전력(電力), 철강 등 민간기업이 감당하기 어려운 부분은 정부가 공기업을 만들어서 맡아서 하되 경영은 민간기업 방식으로 운영되도록 했다. '관치(官治) 경제가 아니라 대통령이 CEO로 뛴 주식회사 대한민국이었다.(김용환)'

12. 주요 전략 선택의 적중 : 박 대통령이 채택한 수출주도형 공업화정책, 중점 투자전략, 선성장·후분배 전략, 과감한 외자유치전략은 모두 성공했다. 박 대통령은 정책과 전술은 수시로 변경했지만 철학과 전략은 18년 동안 그대로 밀고 나갔다.

통계는 말한다

1961년 박정희 소장이 군사혁명으로 정권을 잡고 경제 개발에 착수하였을 때 한국의 1인당 국민소득은 93달러였다. 당시 경제통계 대상이었던 103개국 중 87위로 최하위권이었다.

지금 독재와 가난에 시달리는 짐바브웨(당시는 로디지아)도 당시엔 1인당 국민소득이 274달러로서 한국의 약 3배나 잘살았고 46위였다. 필리핀은 당시 한국인에겐 선망의 대상이었다. 한국보다 약 3배나 많은 268달러로서 49위였다. 남미의 파라과이(68위, 166달러)도 한국보다 훨씬 잘살았다. 필자의 가족은 이 무렵 파라과이로 이민을 가기 위한 수속을 밟았는데 다행히 잘 되지 않아 모두 한국인으로 살고 있다. 나세르의 이집트도 152달러로서 70위였다. 박정희 소장 그룹의 일부는 이집트의 나세르를 따라 배우려 했다. 아프가니스탄도 124달러로 75위, 캄보디아도 116달러로 78위, 태국은 110달러로 80위였다. 차드 82위, 수단 83위, 한국 87위!

한국은 유신시대로 불리는 1972~1979년에 중화학공업 건설을 본격화하면서 1인당 국민소득 랭킹에서 도약한다. 1972년에 한국은 323달러로 75위, 말레이시아는 459달러로 64위였다. 1979년에 가면 한국은 1734달러로 59위로 오른다. 말레이시아는 63위로 1537달러였다.

2016년의 한국은 세계 5대 공업국, 세계 7대 무역국(세계 5대 수출국), 세계 13위 경제대국이다. GDP에서 북한의 거의 50배이다. 여성

평균수명 세계 3위, 삶의 질 세계 17위. 18년의 통치기간에 이런 대도약의 구조를 만든 박정희는 수치로 증명할 수 있는 업적 면에서 20세기의 10~20대 정치 지도자 반열에 들 것이다.

박정희 등장 이전엔 우리보다 몇 배나 잘살았던 필리핀은 115등, 방글라데시는 142등, 아프가니스탄은 171등, 동남아의 우등국 말레이시아는 62등이다. 박정희 그룹이 '근대화의 성공 모델'이라 하며 선망의 눈으로 바라보았던 터키는 72등, 나세르가 이끌었던 이집트는 108등이다.

인간 박정희: 눈물 많은 초인(超人)

1963년 박정희는 《국가와 혁명과 나》의 마지막 쪽에서 유언과 같은 다짐을 했다.

"소박하고 근면하고 정직하고 성실한 서민 사회가 바탕이 된, 자주독립 된 한국의 창건, 그것이 본인의 소망의 전부다. 본인은 한마디로 말해서 서민 속에서 나고, 자라고, 일하고, 그리하여 그 서민의 인정 속에서 생이 끝나기를 염원한다."

박정희는 지옥의 문턱을 넘나든 질풍노도의 세월로도, 장기집권으로도 오염되지 않았던 혼을 자신이 죽을 때까지 유지했다. 가슴을 관통한 총탄으로 등판에서는 피가 샘솟듯 하고 있을 때도 그는 옆자리에서 시중들던 여인에게 "난 괜찮으니 너희는 피해"란 말을 하려고 했다. 병원에서 그의 시신을 만진 의사는 "시계는 허름한 세이코이고 넥타이핀은 도금이 벗겨지고 혁대는 해져 있어 꿈에도 대통령이라고는 생각하지 못했다"고 한다.

소박한 정신의 소유자는 잡념과 위선의 포로가 되지 않으니 사물을 있는 그대로, 실용적으로, 정직하게 본다. 그는 주자학, 민주주의, 시장경제 같은 외래의 선진사조도 국가의 이익과 민중의 복지를 기준으로 하여 비판적으로 소화하려고 했다. 박정희 주체성의 핵심은 사실에 근기하여 현실을 직시하고 시비를 국가 이익에 기준하여 가리려는 자세였다.

박정희는 파란만장의 시대를 헤쳐 가면서 영욕(榮辱)과 청탁(淸濁)을 함께 들이마셨던 사람이다. 더러운 강물 같은 한 시대를 삼켜 바다와 같은 다른 시대를 빚어낸 사람이다. 그러면서도 자신의 정신을 맑게 유지했던 초인(超人)이었다. 그는 알렉산더 대왕과 같은 호쾌한 영웅도 아니고 나폴레옹과 같은 전광석화의 천재도 아니었다. 부끄럼타는 영웅이고 눈물이 많은 초인, 그리고 한 소박한 서민이었다. 그는 한국인의 애환을 느낄 줄 알고 그들의 숨결을 읽을 줄 안 토종(土種) 한국인이었다. 민족의 한(恨)을 자신의 에너지로 승화시켜 근대화로써 그 한을 푼 혁명가였다.

청와대에서 사색에 잠겨 있는 박정희 대통령. 박 대통령의 통치력은 폭넓은 독서와 사색에서 나왔다.

고산고정일

박정희 국가지도력
뿌리
만주대륙 웅혼(雄渾)
사관학교 엄혼(嚴魂)

고정일 (高山 高正一)
1940년 출생. 성균관대 국문학과 졸업, 성균관대학교대학원 비교문화학전공 졸업 /
소설 《청계천》으로 《자유문학》 등단. 동인문학상운영위집행위원장,
《파스칼세계대백과사전》 편집인·발행인, 현 동서문화사 편집인·발행인 /
저서 《청계천 사람들》《불굴혼 박정희》《한국출판100년을 찾아서》
《고산 대삼국지(高山 大三國志)》 등 / 한국출판문화상·한국출판학술상 수상

광활한 땅 만주 대륙. 박정희에게 그곳은 언제나 가슴 설레는 동경의 땅이었다. 그는 일제 강압적 식민지 정책의 숨 막히는 압박감을 느낄 때마다 만주를 떠올렸다. 하루빨리 조선을 벗어나 드넓은 개척의 땅으로 가 군인으로서 남아다운 기개를 마음껏 펼쳐보고 싶었다. 어릴 적부터 품어온 '군인으로 출세하고 싶다'는 꿈이 어우러져 그를 가슴 벅차게 했고 끊임없이 만주행을 갈망하도록 부추겼다.

박정희의 야망에 불을 붙인 한 젊은이가 있었다. 1936년 일본 육사에 지원해 단번에 합격한 최명하였다. 박정희는 최명하가 자신과 같은 선산군 출신이었기에 더욱 부러웠고 스스로가 더욱 실망스러웠다. 군인이 되고자 하는 꿈에 한 발짝 가까이 다가서기는커녕 우물 안 개구리처럼 산골 교직에 머물러 있었기 때문이다. 그 무렵 박정희는 암흑기로 치닫기만 하는 조선의 상황, 자신의 꿈을 얽매는 원치 않는 결혼, 일본 교사들과의 잦은 충돌로 인한 불투명한 앞날 등 삼중고를 겪고 있었다. 그야말로 박정희의 하루하루는 참담한 시간의 연속이었다. 이런 그 앞에 새로운 빛이 내리기 시작했다. 대구사범학교 동기인 백일성으로부터 학창시절 교련주임인 아리카와의 소식을 듣게 된 것이다. 그는 박정희를 무척 아꼈던 교사였는데 만주 관동군으로 전출, 대좌로 진급해 일본 육군 관동군 부대 총지휘관으로 근무하고 있었다. 박정희는 친구가 알려준 주소로 아리카와에게 자신의 의지를 밝히는 편지를 썼다. 지금 문경공립보통학교에서 근무하고 있지만 사실 오래전부터 군인이 되고 싶었으며, 나이가 많아 일본육군사관학교에는 들어갈 수 없으므로 가능하다면 만주군관학교에 입학해 군인의 길을 걷고자 한다는 내용이었다.

신징군관학교

1937년 중일전쟁으로 대륙 침략을 본격화한 일본 육군은 체계적이고 전문적인 장교 양성을 위해 1939년 만주국에 4년제 정식 사관학교를 설립했다. 정식 명칭은 '만주국 육군군관학교'로, 흔히 '신징(신경)군관학교'라고도 불렸다. 아리카와로부터의 답장은 호의적이지 않았다. 그렇다고 군인으로 출세하겠다는 야망을 접을수는 없었다. 그는 군인이 될 수 있는 길을 차근차근 찾아보기로 결심했다. 현실적인 몇 가지 걸림돌부터 해결해야 했다. 무엇보다

스무 살을 넘긴 나이가 가장 큰 문제였다. 사관학교에서 후보생을 뽑을 때 나이 제한을 열아홉 살로 두고 있는데, 박정희는 3년이나 늦은 상태였다. 호적 나이를 고쳐볼까도 생각했으나 이는 나중에 큰 탈을 불러올 수도 있었다. 그는 마침내 혈서를 선택했다. 그것만이 자신의 열망을 보여줄 수 있는 유일한 길이었기 때문이다.

백지를 한 장 펴고 면도칼로 오른손 새끼손가락을 베어 단숨에 '진충보국(盡忠報國) 멸사봉공(滅私奉公)'을 써내려갔다. 박정희가 혈서를 동봉한 '군관지원 편지'를 만주국 치안부 군정사(軍政司) 징모과(徵募課)로 띄운 지 보름 뒤인 1939년 3월 31일자 《만주신문》에 그의 이야기가 실렸다. 아리카와 대좌가 주선했는지, 만주군관학교가 신문에 관련 자료를 제공했는지 알 수 없지만 어쨌든 혈서는 성공적이었다. 며칠 뒤 아리카와에게서 편지가 왔다. 그와 같은 결의라면 자기를 찾아 만주로 오라는 희소식이었다.

박정희는 휴가를 얻어 급히 만주로 떠났다. 지루한 기차여행 끝에 도착한 만주국의 수도 신징(新京)을 보자 그의 눈은 휘둥그레졌다. 본디 이름이 창춘(長春)인 이 도시는 인구 30만이 채 못 되었으나, 20년 뒤에는 300만의 대도시를 완성한다는 야심 찬 목표 아래 현대적 도시계획에 따른 건설사업이 한창이었다. 정부청사와 관동군사령부를 비롯한 공공건물을 위풍당당한 규모로 건립한 데 이어, 관청지역·주거지역·상업지구·공업지구를 뚜렷이 구분해서 정비하는 대공사가 한창 진행 중이었다. 한 농촌마을이 완전히 모습을 바꾸어 산업 중심지로 탈바꿈하고 있는 것이었다.

꿈의 엘도라도

그즈음 만주는 '동양의 서부' '꿈의 엘도라도'였다. 기세 좋은 군
인과 야심만만한 관료들, 일본이 자랑하는 세계 최대 두뇌집단 만
철(滿鐵), 즉 만주철도 지휘부를 비롯 관동군, 만주군, 팔로군, 장제
스군, 마적단, 항일독립군, 일제첩자, 아편 밀매업자, 노둑들, 사기
꾼 등 온갖 인간 군상이 자신들의 크고 작은 꿈을 펼치려 좌충우돌
하고 있었다. 그야말로 만주 대륙은 일본인·조선인·한족(漢族)·
만주족·몽골족이 저마다 꿈과 야망을 불태우는 거대한 용광로와
다름없었다.

역사의 소용돌이가 휘몰아치는 만주에 박정희는 운명의 첫발을
내디뎠다. 1940년 4월 4일, 드디어 만주국 육군군관학교 예과 제2
기생으로 입교한 것이다. 일본인 240명, 만주계로 통칭되는 중국
인·몽골인·조선인 240명, 모두 480명이 제2기생으로 입교했다.
신입생들은 거의 4년제 중학 과정을 마치고 곧바로 들어왔으므로,
5년제 사범학교를 거쳐 3년 동안 교사 생활을 하고 입학한 박정희
와는 나이와 경력 등 여러 면에서 많은 차이가 있었다. 새벽 5시부
터 오후 10시까지, 군관생도들의 일과는 조금의 여유도 없이 빡빡
하게 꽉 짜여 있었다.

인간의 인내력을 시험하는 듯한 살인적인 훈련은 나날이 그 강

도가 세어졌다. 운동으로 단련된 박정희조차 아침에 눈을 제대로 뜨지 못할 만큼 고된 훈련이었다. 그래도 그는 어렵게 손에 넣은 기회를 놓치지 않으려 이를 악물고 버텼다. 혹독한 훈련은 결국 자기 자신과의 육체적, 정신적 싸움이었다. 만주군관학교 교과과정은 일본어·중국어·수학·물리·화학·지리·역사·전사학(戰史學) 같은 교양 기본 과목과 측도·승마술·유도·보병전술·작전요무령(作戰要務令)·진중근무 같은 군사 과목으로, 일본육군사관학교의 교과과정을 거의 그대로 옮겨온 것이었다. 오전에는 주로 학과수업, 오후에는 전술훈련을 했다.

오성(五省) 계훈(戒訓)을 가슴에

박정희는 측도와 독도법(讀圖法)을 집중적으로 익혔다. 얼마나 상세히 익혔는지 등고선까지 들어간 지도를 즉석에서 그려 설명할 수 있을 정도였다. 목검을 들고 사다리를 재빠르게 오르거나 외나무다리를 뜀박질로 통과하는 장애물 극복 훈련에서도 그와 견줄 상대가 없었고, 대구사범학교 시절 연마한 기본 실력이 있는 만큼 검도도 단연 뛰어났다. 박정희는 승마술 시간이 되면 신바람이 났다. 생도들에게 배정되는 말들은 등판에 살이 쪄서 기마용으로는 등급이 떨어지는 말이었다.

그러나 상상 속에서 수백 번 말을 몰았을 만큼 말타기를 꿈꾸던 박정희에게 그런 것쯤은 문제 되지 않았다. 그는 말을 타고 드넓은 만주벌판을 달리면서, 자신의 모습을 백마를 타고 전장을 누비던 나폴레옹의 모습과 비교해 보곤 했다. 잠자리에 들기 전에는 반성의 시간이 있었다. 실내를 조금 어둡게 한 다음, 차려 자세로 눈을 감고 5성(五省)을 입속으로 중얼중얼 외웠다.

"나는 오늘 하루 지성(至誠)에 어긋남이 없었는가? 언행(言行)에 부끄러운 점은 없었는가? 기력(氣力)이 모자라지 않았는가? 노력(努力)에 아쉬운 점은 없었는가? 부정(不正)에 손대지 않았는가?"

5성은 일본군의 계훈(戒訓)이었다. 그러나 내용 자체는 나무랄 데 없는 교훈이어서 그것을 강요하는 학교 쪽 의도야 어떻든 박정희는 자기 생활의 이로운 채찍으로 삼았다. 특히 '지성에 어긋남이 없었는가'라는 성찰의 말과 '노력에 아쉬운 점은 없었는가'라는 구절은 박정희가 평생 삶의 본보기로 삼았을 만큼 가슴 깊숙이 새긴 인생의 금언이요, 경구였다.

그 무렵 만주군관학교에서는 '지도'라는 이름 아래 선배들의 손 찌검이 자주 있었는데, '야무지고 건방져 보이는' 박정희가 맨 먼저 끌려나가기 일쑤였다. 나이가 대여섯 살이나 아래인 1기생 선배들로부터 받는 시달림은 정도를 벗어난 것이었다. 하지만 그는 치밀어오르는 분노를 눌러 버텨냈다. 동기생들은 때리는 선배들보다 그것을 꿋꿋이 버텨내는 박정희가 더 놀랍고 무섭게 느껴졌다. 그에게는 그런 인내 또한 자기 극복의 수양이고 훈련이었다. 온몸이 멍들도록 얻어맞으면서도 상대에 대한 감정의 앙금은 그때뿐, 곧

박정희 대통령은 대구사범학교 재학 시절부터 승마를 즐겼다.

훌훌 털어냈다. 그러고는 한 점 흐트러짐 없이 어린 그들을 선배 대접했다.

황야의 늑대, 천황의 여우

인간은 삶의 터전이 지닌 특성을 어느 정도 닮게 마련이다. 도시에서는 영리함을, 농토를 가꾸는 생활에서는 성실함을, 초원의 드넓은 환경에서는 활달함을 배운다. 1930~40년대의 만주는 질풍노도의 시기였던 만큼 격변하는 그곳에서 호흡한 사람들은 과감한 행동파가 되었다. 만주군관학교 조선인 생도들은 무섭게 소용돌이치는 물결 속에서 결속력과 친화력을 바탕으로 행동력과 정치지향적인 면을 골고루 갖추어갔다. 단정하고 사색적인 면이 강했던 박정희는 만주 대륙 한복판에서, 가슴 한쪽에서는 끝없이 희망을 키우면서도 다른 한편에서는 까마득한 절망감에 빠지기도 했다. 일본이 이 드넓고 아득한 대지 곳곳에 그 검은손을 뻗치고 있음을 깨닫자 약세를 면치 못하는 조국의 현실에 마냥 가슴이 무너져내렸다. 그러나 그는 우리 민족에게도 반드시 한 번쯤은 좋은 기회가 찾아오리라 믿었다.

사실 일제가 만주군관학교를 세운 목적은 대륙 식민지 경영을 보장할 강력한 군사력을 확보하려는 것이었다. 괴뢰정권 만주국의 체제 안정은 곁딸린 목적이었다. 그런 관점에서 보면, 중국인과 조선인 군관생도들에 대한 일본의 교육은 절반의 성공에 지나지 않았다. 중국인·조선인 할 것 없이 만주계 군관생도들은 고분고분 따라가는 척하면서 그들의 군사지식을 열심히 터득해 언젠가 일본에 맞설 때 써먹으려는 뜻을 품고 있었기 때문이다. 박정희의 생각도 이와 같았다. 그는 틈틈이 도서실을 찾아 역사서적들을 비롯해 신문이며 시사잡지를 즐겨 읽었다. 독서야말로 힘들고 빠듯한 생도 생활에서 정신적 안식을 얻을 수 있는 소중한 피난처였다.

박정희는 국내에 있을 때부터 동경하던 만주 대륙과 그의 만주행을 부추긴 주요 인물들에 대해 더 많이 알고 싶었다. 군인이 되기 위한 길에 성공적으로 발을 딛고 올라선 이상, 만주라는 노다지 광맥에서 더 보람찬 성취를 캐내고 싶었다. 이것저것 읽어가는 동안, 그의 가슴에 강렬하게 다가오는 두 거인이 있었다. 관동군의 이시하라 간지(石原莞爾)와 만철의 기시 노부스케(岸信介)였다.

'황야의 늑대'로 불리는 이시하라 간지. 뛰어난 책략으로 만주사변을 일으켜 만주의 실세 중국 군벌들을 쳐부순 뒤, 청나라 마지막 황제 푸이를 꼭두각시로 내세워 신생 만주국을 건설, 강력한 관동군을 손아귀에 틀어쥐고 휘두르며 만주 대륙을 자기 뜻대로 주무르는 걸물. 그의 발자취와 일화들을 알면 알수록 박정희는 놀라움을 금치 못했다. 그가 취한 군사정책이나 일본의 대륙진출정책에 대한 모략과 책략의 잘잘못과는 별개로, 웅대한 대륙을 하나의 국가로 만들어가는 거대한 작업을 도모하고 실행할 만큼 그 '인간 그릇'이 크다는 점에는 부러움과 경외심까지 일었다.

그리고 또 한 사람, '쇼와(昭和) 천황의 여우'라 불리는 기시 노부스케. 그는 중요산업통제법을 입안, 통과시키고 실시함으로써 혁신관료 우두머리로 입지를 굳히고, 군부와 긴밀한 관계를 맺었다. 이런 경력을 바탕으로 그는 1936년 만주가 '미래와 기회의 신천지'로 떠오르자 상공성(商工省) 공무국장을 사퇴하고 만주로 달려가 만주국 국무원 실업부 차장을 맡으면서 만주국 산업행정을 실질적으로 총괄하고 민주산업개발 5개년계획을 명분으로 한 '경세군사화'를 추진했다. 그의 가장 큰 공적은 급성장한 신흥재벌 닛산(日産)을 만주로 끌어들인 것이다. 박정희는 황야의 늑대와 천황의 여우, 두 인물을 합친 그림에 자신의 모습을 겹쳐보았다. 아직은 아득하지만, 먼 훗날 어떤 운명의 기회가 자신에게 찾아오리라는 그림을 그려보자 가슴이 마구 뛰었다.

군사와 경제 그리고 국가책략

'군사와 경제야말로 국가를 떠받치는 핵심 기둥이다. 어느 한쪽도 허약해선 안 된다. 그러면 균형을 잃어 위태로워지기 때문이다. 우리 조선인도 저마다 자신을 부지런히 갈고닦아서 크나큰 꿈을 오롯이 담아낼 그릇을 만들어 그 속에 국가 확장 건설을 위한 지혜를 가득 담아야 한다.' 이런 생각으로 박정희는 이시하라 간지와 기시 노부스케의 책략을 철저히 연구했다.

이는 나중에 박정희가 추진한 국가재건과 총력안보의 '돌격화

근대화'로 그 결실을 맺게 된다. 그는 만주국과 마찬가지로 여러 번에 걸친 경제개발 5개년계획으로 한국의 산업구조를 비약적으로 발전시켰다. 물론 수출주도형 산업화를 적극적으로 추진해 노동집약적 산업을 발전시킨 점이 만주국과는 다르지만, 이것도 군수산업을 목표로 한 중화학공업화를 달성하기 위한 하나의 과정이었으며, 자주국방을 위한 중화학공업화라는 점에서 만주국과 같다.

또한 강대한 군사력을 배경으로 한 박정희의 강력한 지도력, 소수의 경제전문가의 의사결정과 자원배분 권한 독점, 수출시장 확보와 기술력이나 외국자본 도입을 목적으로 한 대외관계 구축, 중화학공업화를 향한 적극적인 재정지출, 나아가 국민동원을 위한 새마을운동 등 많은 비슷한 공통점을 찾을 수 있다. 박정희가 이룬 '한강의 기적' 그리고 '한국적 민주주의'에는 만주제국의 유산이 흘러넘치고 있는 것이다. 한편 어려서부터 박정희의 우상은 나폴레옹이었다. 그런데 내몽골 야영훈련을 계기로 역사상 나폴레옹과 쌍벽을 이루는 또 한 명의 전쟁영웅 칭기즈칸이 그의 뇌리에 깊이 새겨졌다. 박정희는 세계를 제패한 칭기즈칸의 말을 가슴에 새기며 꿈을 향해 힘차게 나아갔다.

"가난을 불평하지 말라. 나는 들쥐를 잡아먹으며 연명했다. 배움이 없다, 힘이 없다 탓하지 말라. 나는 내 이름도 쓸 줄 몰랐으나 남의 말에 귀 기울이면서 현명해지는 법을 배웠다. 너무 막막하다고, 그래서 포기해야겠다고 말하지 말라. 나는 목에 칼을 쓰고도 탈출했고, 뺨에 화살을 맞고도 살아났다. 적은 언제나 내 안에 있다. 나를 극복하는 그 순간 나는 칭기즈칸이 되었다."

박정희는 만주군관학교 졸업과 동시에 일본육군사관학교 유학생으로 뽑혔다. 만주군관학교 2기 예과 졸업생 중 성적이 뛰어난 70명이 일본육사에 특전입학하게 된 것이다. 일본육사 3·4학년 본과과정을 마치고 나면 바로 관동군으로 복귀해 만주에서 근무하는 조건이었다. 만주군관학교는 예과에 지나지 않아 본과를 이수해야 장교로 임관될 수 있었다.

일본육사는 그즈음 젊은이들에게 동경의 대상이었던 데다 군인으로 성공하고 싶은 박정희에게는 더할 나위 없는 기회였다. 그러나 만주군관학교를 졸업하고 곧장 일본으로 건너간 것은 아니었다. 5개월 동안 사관후보생으로 일선부대에 배속되어 하사관과 사병생활을 체험하도록 되어 있었다. 이른바 '다이쓰키(隊付) 교육'이었다. 유능한 지휘관이 되기 위해서는 말단 사병의 어려움과 애환도 몸소 겪어봐야 한다는 게 다이쓰키 교육의 취지였다.

일본육군사관학교

1942년 10월, 박정희는 다이쓰키 교육을 훌륭히 마치고 일본으로 건너갔다. 박정희가 속한 만주군관학교 예과 졸업생도들은 일본육사 본과 3학년에 편입됐다. 육사는 이들을 본국 육사예과 출신들과 한데 섞지 않고 '유학생대(留學生隊)'로 구분해 관리하며, 강의실과 기숙사도 따로 배정했다. 하지만 교육내용이나 대우 및 후생은 본국 예과 졸업생도들과 다르지 않았다. 신분 자격도 정규 육사 제57기로 같았다. 사관생도들의 일과는 아침 6시부터 시작되었다. 기상나팔 소리에 깨어 연병장에 모인 생도들은 먼저 신사참배부터 했다. 사관학교에서 2킬로미터쯤 떨어진 신사까지 달려가 군인칙유(軍人勅諭)를 큰소리로 외쳤다.

"군인은 충절을 본분으로 삼는다. 군인은 예의를 숭상한다. 군인은 무용(武勇)을 숭상한다. 군인은 신의를 지킨다. 군인은 질소(質素)를 본지(本旨)로 삼는다."

긴 교육칙어(教育勅語)까지도 외워야 했다. '나라에 충성, 부모에 효도, 형제 우애, 부부 사랑, 친구 간의 믿음을 돈독히 하라'는 것이 교육칙어의 근본정신이었다. 신라 화랑도의 '세속오계(世俗五戒)'나 '삼강오륜'을 뼈대로 삼으면서 일본 근대정신에 크게 영향을 준 퇴계 이황의 '경(敬)철학' 사상을 기본으로 한 것이 분명했다. 군인칙유나 교육칙어가 지향하는 기본 목표는 모두 '천황의 충성스러운 백성'으로 거듭나는 것이어서 이미 뚜렷한 민족가치관을 지닌 박정희로서는 거부감이 일었다.

그러나 칙유나 칙어에 담긴 본질인 동양정신, 퇴계 경사상 도덕관념 자체는 얼마든지 수긍하고 따르며 배울 가치가 있다고 생각했다. 수많은 부하의 목숨을 책임지는 군대 지휘관을 길러내는 사관학교이기에 생활지도와 교육은 상상을 뛰어넘을 만큼 엄격했다.

사관학교의 모든 수업은 정신수양을 바탕으로 했다. 박정희를 비롯한 사관생도들은 평소 숭고한 정신을 지니도록 엄격히 자신을 갈고닦아야 했다. 사관생도들은 일상생활 하나하나에서 철저히 자신의 욕망과 욕심을 누르는 법을 익혔다. 어떤 극한 상황에서도 정신이 육체를 지배할 수 있도록 참고 견디는 수행을 했다.

"위기에 처할수록 군사들은 오로지 지휘관만 바라본다. 따라서 지휘관은 홀로 빠져나길 수 없고 빠져나가서도 안 된다. 귀관들은 어떠한 난관이나 불운도 이겨낼 수 있도록, 역경에 굴하지 않는 냉철한 정신을 길러두어라."

박정희는 이러한 가르침이 자연스레 몸에 배도록 늘 자신을 채찍질해 나갔다. 그는 누구보다도 고매한 덕을 갖추고 싶다는 이상을 품었다. 훈육부의 정신교육은 장교로서 덕성을 키우고 부하들을 이끄는 능력을 기르는 내용에서 시작해, 궁극적으로는 무사정신과 아울러 삶과 죽음에 대한 철학적인 사상을 이룩하는 경지에까지 이르렀다.

박정희의 청렴, 용기, 겸손, 명예, 자기통제

나폴레옹 전기를 탐독했던 것처럼, 박정희는 이선근 박사가 권하는 퇴계와 아우렐리우스《자성록》, 니토베 이나조(新渡戶稻造)가 쓴《무사도》같은 사상·역사책들을 즐겨 읽었다. 평생 그의 명제인 '진정한 애국정신이란 무엇인가?'를 두고 탐구하고 분석함에 더

욱 박차를 가하며 그 핵심에 다가갔다. 청렴·용기·겸손·명예·자기통제 등, 박정희는 그 가르침을 되새기고 자신의 것으로 소화하며 몸과 마음을 굳세게 다져갔다.

1944년 4월 20일 일본육군사관학교 제57기 졸업식이 열렸다. 엄격한 규율, 힘에 벅찬 수업, 태평양전쟁이 끝나갈 무렵 발악적 쥐어짜기식 교육은 박정희의 몸과 마음을 모두 지치게 했지만, 일본육사에서 배운 것들은 그의 정신적 뿌리에 거름이 되었다. 박정희는 지휘관으로서의 '비법'을 배우려 힘썼다.

바로 '통솔은 통어(統御)와 지휘로 나누어 생각하라'는 것이었다. '통솔'이란 '집단을 규합해 이끄는' 것이다. 그러기 위해서는 '통어(마음으로부터 복종하게 하는 것)'와 '지휘(엄격한 명령으로 행동하게 하는 것)' 두 요소가 반드시 필요하다. 부하를 통어하려면 힘이 아닌 덕으로 대해야 하고, 그래야만 부하가 지휘관을 참된 지도자로 따른다. 박정희는 부하들이 절대복종의 마음으로 상관의 의도를 알아차려 상황 변화에 대응하고 스스로 그 목적을 이룰 수 있도록 이끄는 지도력을 키우려 애썼다. 한번 마음먹으면 쉽게 흔들리거나 굽힘이 없어야 반드시 성공한다는 것도 새삼 느꼈다.

지휘관은 '신독(愼獨)'을 지켜야 한다. 신독이란 '홀로 있을 때 몸가짐을 삼간다'는 뜻이다. 박정희는 남이 보지 않고 듣지 않는 곳에서도 자신을 다스리면서 높은 인간성을 몸에 익히기 위해, 곧 신독을 다하기 위해 늘 긴장을 늦추지 않았다. 그는 꿈을 이루고자 결단을 내려 만주로 떠난 것처럼, 앞으로의 삶에서 만나게 될 여러 갈림길에서 최선의 결단을 내리고 후회 없이 당당해지기로 마음먹었다. 군 지휘관이기 전에 삶을 지탱하고 살아가는 한 인간으로서, 또 실패를 두려워하기보다는 자신의 이상을 굳게 믿기로 했다.

이때에 박정희가 느낀 감회의 핵심은 고단한 학업을 마쳤다는 기쁨만이 아니었다. 알껍데기를 깨고 세상에 나왔으니 이제 본격적으로 하늘로 날아올라야 한다는 기대와 부담감이 몰려들었다. '육사 교육의 기본 정신은 가장 군인답게 죽는 방법을 가르치고 배우는 것이다. 하지만 나는 조선인이다. 일본 군인으로서 죽을 수는 없다. 내가 지향해야 할 목표는 저 산 너머 하늘에 잇닿는 더 높은 정상에 있다.' 박정희는 대륙적 기상을 품고 스스로를 유능한 지휘관으로 단련해 나갔다. 한민족의 원류 만주 대륙과 사관학교는 지휘관 박정희, 대통령 박정희를 키운 요람이었다. 그곳에서 숭고한 자아, 애국애족 뿌리가 자라났고, 웅혼과 엄혼으로 단련된 것이다. 그리하여 마침내 그는 각고심혈 인생역정을 조국과 민족을 위해 고스란히 바친다. 가난에 시달리던 한국을 명실상부한 세계적 신흥산업국가로 탈바꿈시킨 그의 신념은 '한강의 기적' '세계의 기적'을 이루어냈다. 오늘날 세계가 바라보는 대한민국의 성공과 위상은 피터 드러커가 단언했듯 '박정희' 없이는 절대 이야기할 수 없으리라.

박정희 대통령은 평생 군인정신을 간직했다.
1978년 4월 28일 이순신 장군이 활을 쏘던 활터에서 활을 쏘는 박정희 대통령.

**탄생 100주년으로 돌아보는
박정희 100장면**

–

초판 1쇄 발행 2017년 2월 6일
초판 2쇄 발행 2020년 4월 1일

–

발행인 이동한
편집 《월간조선》 편집부
디자인 송진원
사진 조선DB

–

발행 (주)조선뉴스프레스
주소 서울시 마포구 상암산로 34 DMC 디지털큐브빌딩 13층
등록 제301-2001-037호 **등록일자** 2001년 1월 9일
구입문의 02-724-6794~8
편집문의 02-724-6815

–

값 10,000원
ISBN 979-11-5578-445-7 03340